하나님의 창조세계의 아름다움과 신비에 취해 살던 사람이 벌떡 일어나 무너지는 창조세계의 보존을 위해 온몸으로 뛰면서 싸우는 환경운동가가 되었습니다. 자연은 잘 지키고 보존하여 후손에게 물려주어야 할 선물이기 때문입니다. 저는 그의 깊은 지성과 하나님의 선물을 볼 줄 아는 영성과 감성, 전사와 같은 용기를 좋아합니다. 이제 그는 가장 귀한 선물을 모르는 사람들과 그 가치를 왜곡하고 있는 사람들을 위해 또 다른 외침을 들려주고 있습니다. 창조세계가 보존되어야 하듯 세상에 생명을 주는 복음의 신비와 진리도 잘 보존되어야 함을 깊은 영성으로 외치는 복음의 소리가 우리의 가슴을 훈훈하게 합니다. 하늘 보좌를 버리시고 이 땅에 달려오신 주님께서 그토록 들려주기 원하셨던 바로 그 복음의 비밀을, 그리고 그를 통해 펼쳐지는 하늘의 복과 생명의 신비를 다시 숙고하게 해주는 책입니다.
　　　　　　　　　　　　　－김운용 장로회신학대학교 예배/설교학 교수

이 책은 하나님 나라의 복음이 얼마나 아름답고 총체적인가를 잘 보여줍니다. 저자는 도서관과 상아탑에 갇혀 있던 신학의 지평을 하나님의 창조세계 전 영역으로 열어놓은 목회자입니다. 하나님의 복음은 우리를 구원할 뿐만 아니라, 우리를 사명자로 불러 세웁니다. 저자의 하나님 나라 복음 이해는 하나님의 선(先)구원과 후(後)응답으로 구성되어 있습니다. 하나님의 아들 예수 그리스도는 강함과 유능함으로 세상을 구원하신 것이 아니라 자신을 비우고 연약해지심으로 인류를 구원하셨습니다. 저자가 보여주는 하나님은 아버지이면서 어머니이십니다. 하나님은 말보다 더 큰 울림이 있는 사랑과 섬김으로 완악하고 어그러진 우리 마음을 재창조해가십니다.
　　　　　　　　　　　　　－김회권 숭실대학교 기독교학과 교수

이 책은 부드럽고 맑은 최병성 목사님의 실제 음성과 같습니다. 저자는 이 책을 통해 복음의 핵심 개념을 머리가 아닌 자연의 언어로 풀어 따뜻하고 선명하게 들려줍니다. 강원도 영월 서강에서 오랫동안 나무, 물, 하늘, 벌레 등 자연과 벗하며 살아온 저자가 그 가운데서 실제로 호흡하고 체험한 살아 계신 하나님의 은혜, 사랑, 섭리를 생생하게 풀어내고 있습니다. 이 책을 읽을 때, 그리스도 안에서 사는 이들이 누리는 쉼과 행복이 가슴에 촉촉이 적셔질 것입니다.
　　　　　　　　　　　　　－신원하 고려신학대학원 기독교윤리학 교수

복음에 안기다

최병성 목사의 가슴 뛰는 은혜 이야기

복음에 안기다

최병성 목사의 가슴 뛰는 은혜 이야기

최병성 지음

Holy
WavePlus

차례

서문

복음은 하늘로 날아오르는 날개입니다

'복음'이란 단어가 참으로 흔하게 사용되지만, '복음'이 우리에게 주는 놀라운 선물과 그 안에 담긴 깊은 의미를 아는 사람은 얼마나 될까요?

예수님은 하늘 영광 다 버리고 우리에게 기쁨의 소식으로 달려오셨습니다. 복음이 2,000년 전 이스라엘 백성들에게 기쁨의 소식이었다면, 2,000년이 지난 오늘 우리에게도 여전히 그러합니다. 그런데 예수를 믿는다는 그리스도인들은 많지만, 기쁨 가득하고 생동감 넘치는 그리스도인들을 만나기는 왜 이토록 어려운 것일까요?

장로회신학대학에서 수업 중에 학생들에게 복음에 대한 이 책의 초고 몇 장을 읽어준 적이 있었습니다. 수업이 끝난 후 한 학생이 교탁 앞으로 나오더니, "교수님, 요즘 제가 고민하던 것

이 해결되었습니다" 하며 눈물을 글썽였습니다. 그 학생의 하나
님을 향한 고민과 갈등이 느껴져서 쓰고 있던 원고 몇 장을 메
일로 보내주었습니다. 다만 아직 완성된 글이 아니기에 외부로
돌리지는 말라는 당부를 덧붙였습니다.

바로 그 다음 주 수업시간이었습니다. 기쁨 가득한 얼굴로
변한 이 학생은 "학교 기숙사에 나와 똑같은 고민을 하는 친구
가 있어서 교수님이 보내주신 글을 읽어주었는데, 읽어주는 중
에 친구가 갑자기 울어버렸습니다"라고 고백하더군요.

우리는 복음이란 예수를 처음 믿는 순간에만 필요하다고 생
각하고, 예수를 믿은 후엔 복음을 장롱 깊숙이 넣어두고 살아
갑니다. 복음이 우리에게 주는 놀라운 자유와 기쁨을 상실한 채
성도의 의무만 가득 지고 가는 힘겨운 신앙생활을 하고 있습니
다. 그러나 복음은 우리에게 매일 매 순간 필요합니다.

한국교회의 문제는 1,000만이라는 그리스도인의 수가 적은
데 있는 것도 아니요, 제도가 잘못되었기 때문도 아닙니다. 예
수를 믿노라 하면서도 아직 복음을 모르기 때문입니다. 우리 영
혼을 새롭게 하고, 사람을 바꾸고, 세상을 바꿀 복음다운 복음
이 우리에게 들려지지 않았기 때문입니다. 한국교회가 거듭나
는 길은 제도 개혁이 아니라, 은혜의 복음을 새롭게 되찾는 것

입니다. 우리를 새롭게 하고 모든 억눌림으로부터 자유케 하는 것은 오직 복음뿐이기 때문입니다.

기독교는 그저 예수를 숭배하며 복과 성공을 구하는 종교가 아니라, 예수와 함께 십자가를 지고 세상을 치유해가는 역동성 넘치는 또 한 명의 예수가 되는 것입니다. 예수님은 우리에게 세상의 소금과 빛이라 하셨건만, 세상의 변화는 고사하고 자신의 삶조차 변화되지 않고 있습니다. 세상을 변화시키는 힘은 복음으로부터 나옵니다. 기쁨으로 찾아온 복음이 내 안에 있을 때, 내가 세상을 향해 지고 가는 십자가는 더 이상 무거운 짐이 아니라 하늘을 날아오르는 날개가 되기 때문입니다. 이제 우리에게 필요한 것은 예수님이 우리에게 선물로 주신 복음의 놀라움과 새로움을 다시 발견하는 것입니다. 내 안에 복음을 회복하는 것입니다. 복음은 생명을 살리고 한국교회를 깨우는 하나님의 능력입니다.

1부
복음,
낯선 비밀

어린 왕자에게 장미 한 송이가 그토록 소중했던 것은 장미의 아름다움 때문이 아니라

장미를 위해 그동안 어린 왕자가 기울인 정성과 사랑 때문인 것처럼, 내가 하나님께 기쁨

이 되는 것은 하나님께서 나를 위해 십자가의 모진 고통을 겪으신 사랑 때문입니다. 당신

의 가치는 당신에게 쏟아부어 주신 하나님 사랑 안에 있습니다.

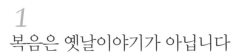

1
복음은 옛날이야기가 아닙니다

"보라 내가 온 백성에게 미칠 큰 기쁨의 좋은 소식을 너희에게 전하노라."
누가복음 2:10

"옛날 옛적에…"로 시작하는 어릴 적에 즐겨 읽던 동
화들이 있습니다. 우리는 「심청전」을 비롯해 「콩쥐팥
쥐」, 「장화홍련전」 등 우리의 전래 동화뿐 아니라, 「백
설공주」와 「엄지공주」 같은 우리에게 익숙한 세계 명
작 동화들을 읽으며 자랐습니다. 지금도 자녀들에게
동화책을 읽어주곤 합니다.

　우리의 전래 동화뿐 아니라 세계의 모든 명작 동
화들이 각기 다른 이야기들을 전해주고 있지만, 그 중
심을 흐르는 주제와 교훈은 동일합니다. 착하고 선하
게 살면 복을 받지만, 악한 일을 한 사람은 벌을 받는

다는 인과응보因果應報와 권선징악勸善懲惡입니다.

그런데 인과응보와 권선징악이라는 교훈은 그저 아이들에게 들려주는 동화의 교훈에만 그치지 않습니다. 세상의 모든 도덕과 윤리의 핵심이기도 합니다. 심지어 세상 모든 종교의 가르침 역시 선을 권하고 악을 벌하며, 자신의 행위에 따른 대가를 받는다는 인과응보와 권선징악의 틀에서 벗어나지 않습니다. 그래서 종교를 가진 사람들은 누구보다 선하게 살기 위해 노력하고 악을 행하지 않으려 조심합니다.

그렇다면 오늘 교회에서 선포되는 하나님 말씀들은 어떨까요? 매 주일 교회의 예배에 참석하여 듣는 설교 역시 인과응보와 권선징악의 내용에서 벗어나지 못합니다. 하나님께 복을 받기 위해 선을 행할 것을 강조하고, 악한 행위에는 하나님의 진노와 벌이 임할 것이라고도 훈계합니다.

만약 주님을 향한 우리의 신앙이 '인과응보와 권선징악'이라는 세상의 가르침처럼 행위의 결과에 따른 보답에 국한된다면, 우리가 예수를 믿어야 하는 이유는 무엇일까요?

누가복음 2장 10절은 예수가 이 세상에 오신 것을 "큰 기쁨의 좋은 소식"good news of great joy이라고 강조하였습니다. 예수가 이 세상에 오신 사건이 누가에게 그토록 놀랍도록 기쁜 소식이었던 까닭은, 복음이 세상의 모든 동화와 도덕과 종교의 가르침인 인과응보와 권선징악과는 전혀 다른 획기적인 가르침이었기 때문입니다.

만약 복음이 아이들에게 들려주던 동화의 가르침과 별반 다를 것이 없다면, "큰 기쁨의 좋은 소식"이라는 복음조차 우리가 잘하면 복을 받고 잘못하면 벌을 받는다는 세상의 다른 종교들과 차이가 없다면, 그것은 결코 기쁨의 소식이 아닙니다. 그러나 복음은

복음은 2,000년 전에나 지금이나 변함없이,
세상의 모든 가치를 뒤집어엎는
전혀 다른 새 소식입니다.

2,000년 전에나 지금이나 변함없이, 세상의 모든 가치를 뒤집어엎는 전혀 다른 새 소식입니다.

우리가 날마다 접하는 뉴스news라는 단어의 'new'에 대한 영영사전 해설이 제게 복음을 보다 깊고 명확하게 이해하도록 도와주었습니다. 영영사전은 'new'를 이렇게 설명합니다.

① 결코 전에 존재하지 않았던 것
② 지금 처음 만들어지고, 지금 처음 생각나고, 지금 처음 알게 되고, 지금 처음 듣고, 지금 처음 느끼고, 지금 처음 발견된 것
③ 지금 처음 사용하는 것, 닳지 않은 것
④ 다른 것, 바뀐 것, 새로운 것
⑤ 친숙하지 않은 것, 낯선 것
⑥ 아직 익숙하지 않은 것

'새롭다'new는 것은 한마디로 이전에 결코 존재하지 않았고, 이미 존재하던 것들과는 전혀 다르며, 처음

듣고 처음 알게 된 것이기 때문에 아직 익숙지 않은 것을 의미합니다. 바로 여기에서 복음의 놀라움과 낯섦을 이해할 수 있습니다. 그 까닭에 사람들이 복음을 오해하게 되고 예수를 믿는다 하면서도 자꾸 이전의 종교적 틀로 회귀하게 되는 것입니다.

사도 바울도 많은 이들이 "다른 복음"으로 혼란을 겪는 것을 경험했습니다. 바울은 "그리스도의 은혜로 너희를 부르신 이를 이같이 속히 떠나 다른 복음을 따르는 것을 내가 이상하게 여기노라. 다른 복음은 없나니 다만 어떤 사람들이 너희를 교란하여 그리스도의 복음을 변하게 하려 함이라"_{갈라디아서 1:6-7}라고 말하며 다른 복음은 절대 없다고 강조하였습니다. 심지어 사도 바울은 예수의 복음이 아닌 다른 복음을 전한다면 그가 하늘로부터 온 천사라도 저주를 받을 것이라고 두 번이나 "다른 복음" 전함에 대해 경고했습니다_{갈라디아서 1:8-9}.

예수의 복음은 2,000년 전 사도 바울이 다른 복음의 위험을 경고했던 유대인들뿐 아니라, 예수에

관한 설교를 수없이 들어온 오늘 우리에게도 낯설고 익숙하지 않습니다. 복음은 평생 동안 보고 듣고 배워온 세상의 가치와는 전혀 다른 것이기 때문입니다. 오늘날 교회 안에서 복음이라며 선포되는 말씀들이 인과응보와 권선징악에서 벗어나지 못하고 있습니다. 세상의 가치가 신앙이란 이름으로 포장되었을 뿐이지요.

아기 예수가 이 땅에 태어나던 날, 천사는 "세상의 모든 백성에게 미치는 아주 큰 기쁨의 소식"이라고 전해주었습니다. 왜 예수의 탄생이 우리에게 놀라운 기쁨의 소식이 되는 것일까요?

세상의 모든 동화와 도덕과 종교들은 인간의 행

세상의 모든 동화와 도덕과 종교들은
인간의 행위대로 복과 벌을 받는다고 합니다.
그러나 복음은 인간의 행위가 아니라
하나님의 사랑을 말할 뿐입니다.

위대로 복과 벌을 받는다고 합니다. 그러나 복음은 인간의 행위가 아니라 하나님의 사랑을 말할 뿐입니다. 행위의 대가로 주어지는 복이 아니라, 하나님의 사랑 아래 값없이 부어주시는 은혜를 이야기하지요. 다시 말해 복음은 내가 하나님을 위해 무엇을 드려야 하는가가 아니라, 하나님이 나를 위해 무엇을 하셨는가에 관한 이야기입니다.

지금까지는 우리가 하나님께 나아가려면 내 손에 들린 행위의 성적표를 점검해야 했습니다. 그 성적표에 따라 하나님께 복과 벌을 받았습니다. 그러나 이제 복음은 그렇지 않습니다. 복음은 내가 선한 행위를 얼마나 많이 했으며, 내가 신께 얼마나 많은 것을 드렸는가를 따지지 않습니다. 복음은 하나님이 나를 위해 무엇을 이루셨으며, 우리를 향한 그분의 은혜가 얼마나 크고 놀라운가를 말하며 우리를 은혜의 바다로 초대하고 있습니다.

만약 내가 하나님께 드린 종교적인 노력과 행위에 따라 하늘의 복과 심판을 받는다면, 예수가 내게 오셨다는 것은 아무 의미가 없는 말이 됩니다. 내 행위의 결과에 따라 하나님이 복과 벌을 주신다면, 우리가 기도 끝에 "예수님의 이름으로 기도합니다"라고 할지라도, 그 예수는 그저 주술적 외침에 그칠 뿐이지요.

우리는 복음을 별다를 것 없는 또 하나의 동화로 만들고 있을 뿐 아니라, 선하고 열심 있는 신앙생활을 통해 넘치는 복과 은혜를 받는 동화 속 주인공이 되길 꿈꿉니다. 그러나 예수로 포장된 동화는 늘 주인공의 불행으로 끝날 뿐입니다. 이제 우리는 잘못된 동화의 다른 복음을 버리고 놀라운 기쁨으로 가득한 진짜 복음으로 돌아와야 합니다.

오늘 내게 기쁨이 없는 까닭은 헌신이 부족하기 때문이 아니라, 아직도 내가 복음의 참 의미를 모르기 때문입니다. "예수님 사랑합니다"라고 찬양을 부르고, 기도 끝에 "예수의 이름으로 기도합니다"라고도 해보지만 참 복음 속의 예수가 아니라, 이전의 종교적 틀에다 예수의 이름만 붙여 놓은 것에 불과하지요.

우리가 복음의 소식을 듣고도 대가를 요구하는 예

전의 종교로 돌아가는 까닭은 복음good news의 새로움 new이 우리가 처음 경험하는 것이라 아직 낯설고 익숙하지 않기 때문입니다. 그러나 아무리 낯설고 익숙지 않을지라도 복음으로 돌아와야 합니다. 오직 복음 안에 생명이 있기 때문입니다.

복음은 당신의 행위를 계산하지 않습니다. 복음은 당신의 부족함을 탓하며 복 받기 위한 열심을 요구하지도 않습니다. 복음은 당신의 잘못 때문에 지금 당신이 고통 가운데 있다고 이야기하지 않습니다.

오늘 복음은 우리에게 눈을 열 것을 요구합니다. 나의 행위를 평가하며 복과 벌을 계산하던 다른 복음을 던져버리고, 내 삶으로 달려오신 하나님 자신의 극진하신 사랑 때문에 값없이 당신의 은혜를 부어주시는 그분의 품으로 달려오도록 초대하고 계십니다. 복음은 은혜의 잔치로의 초대장입니다.

기뻐하십시오. 하나님이 새로운 소식을 들고 당신을 찾아오셨습니다.

기뻐하십시오. 하나님은 당신의 행위를 보지 않습니다.

기뻐하십시오. 하나님은 당신의 성적표에 따라 상을 주
시지 않습니다.

기뻐하십시오. 하나님은 오늘도 크신 사랑으로 당신에
게 값없이 사랑을 부어주고 계십니다.

기뻐하십시오. 복음은 옛날이야기가 아닙니다.

2
복음은 선물입니다

"이것은 너희에게서 난 것이 아니요, 하나님의 선물이라."

에베소서 2:8

요즘 핸드폰을 파는 상점마다 '공짜'라는 큰 글씨를 붙여놓은 것을 쉽게 볼 수 있습니다. 인터넷에도 공짜 선물을 받아가라고 현혹하는 메일이 쏟아져 들어옵니다. 그러나 아무리 '공짜'라고 외쳐도 아무도 믿지 않습니다. '공짜'라는 단어 이면에는 또 다른 속임수가 감춰져 있기 때문입니다. 그래서 "공짜를 좋아하다가 큰코다친다"라는 말도 있습니다.

레오 버스카글리아의 책 『낙원행 9번 버스』에 공짜에 관한 재미난 글이 있습니다.

나는 무료로 상품을 제공하는 일에 참여했던 친구를 알고 있다. 어
느 날 그는 노점을 설치해놓고 '무료'라고 쓰인 물건들을 진열해놓
았다. 그러나 무료임에도 불구하고 아무도 그 물건들을 가져가지
않아서 깜짝 놀랐다. 마침내 그는 각 상품에다 낮은 가격을 표시해
놓았다. 그러자 물건들은 순식간에 팔려나갔다. 그는 사람들의 행동
에 대하여 크게 실망을 했다. 이번 체험은 "모든 것에는 가격이 있
으며 이 세상에 공짜는 없다"라는 말을 확신시켜주는 본보기였다.

세상엔 정말 공짜가 없습니다. 이 세상에 조건이나 대가를
요구하지 않고 값없이 주어지는 공짜 선물이란 존재하지 않지
요. 레오버스카글리아의 이야기처럼 무료로 준다고 강조하면
오히려 무슨 속임수가 있나 의심하게 되고, 무료라는 단어 대신
아주 싼 값을 매기면 오히려 불티나게 팔려나간다는 것입니다.
사람들은 늘 선물을 받고 싶어하고, 선물을 받으면 행복해
집니다. 그러나 행복도 잠시입니다. 선물을 받고 나면 감사의
마음과 함께, 작은 보답이라도 해야 한다는 빚진 마음이 들곤 합

니다. 그게 더불어 살아가는 세상의 마땅한 도리이기도 합니다.

만약 선물에 무언가 조건이 있거나, 대가나 보답을 기대하고 주어진다면 그것은 결코 선물이 아닙니다. '선물'이란 값없이 '공짜'로 주는 것이기 때문입니다. 나의 노력이 조금이라도 들어간 것은 선물이 아니라, 노력에 대한 대가요 보답일 뿐입니다. 우리는 월급을 선물이라 말하지 않습니다. 한 달간 땀 흘려 수고해 받은, 마땅한 대가이기 때문입니다. 사도 바울 역시 "일하는 자에게는 그 삯이 은혜로 여겨지지 아니하고 보수로 여겨진다"로마서 4:4라고 이야기했습니다.

기쁨의 소식인 복음을 한마디로 표현할 수 있는 단어가 있습니다. '선물'입니다. 사도 바울은 복음을 "하나님의 선물"이라고 강조합니다. 길거리에서 '공짜'를 믿지 못하는 것처럼, 성

복음은 우리에게 '하나님의 자녀'라는
가치를 선물로 부여합니다.

경은 의심 많은 우리가 혹시 오해할까 싶어 "값없이"로마서 3:24, "거저"에베소서 1:6 주시는 공짜 선물이라고 거듭 강조하고 있습니다. 복음은 우리에게 '하나님의 자녀'라는 가치를 선물로 부여합니다. 복음은 우리에게 필요한 하나님의 은혜와 사랑을 날마다 공짜로 부어주십니다.

그러나 문제는 여기 있습니다. 하나님이 주신 공짜 선물에 대해 우리가 값을 지불하려 한다는 것입니다. 우리는 이 세상에서 거저 주는 공짜를 보지 못했습니다. 세상의 모든 것이 스스로의 노력과 땀에 대한 보답으로 주어졌습니다. 그러기에 신앙생활 속에서도 우리는 하나님께 늘 무언가 대가를 지불하고 그 값으로 은혜를 받으려 하지요.

주변에 많은 그리스도인들을 만나보지만, 하나님의 선물에 겨워 날마다 기쁨에 넘쳐 사는 사람을 만나기 힘듭니다. 오히려 하나님 은혜라는 선물을 받기 위해 신앙이라는 무거운 짐을 진 사람들로 가득합니다.

오늘 우리가 삶의 기쁨을 상실하고, 하나님을 만족시키기 위한 무거운 짐을 지고 있는 것은 하나님께서 은혜를 아무 값없이 주신다는 것을 모르기 때문입니다. 우리는 하나님께 은혜를 받기 위해서는 하나님을 잘 섬겨야 한다고 믿고 있습니다. 그러나 '은혜'라는 단어 자체가 바로 '거저 베풀어주는 선물'이라는 뜻입니다. 하나님이 값없이 베풀어주는 은혜를 받기 위해 열심의 대가를 지불해야 한다는 것은 얼마나 모순된 일인가요?

오늘 우리 신앙은 커다란 모순에 빠져 있습니다. 하나님의 복음이 값을 우리에게 요구하기 때문이 아니라, 하나님의 공짜를 믿지 못하고 값을 지불하려는 우리의 잘못된 믿음 때문이지요. 은혜가 은혜 되기 위해서는 어떤 조건도 대가도 요구되어서는 안 됩니다. 은혜는 내 행동 여하에 상관없는 하나님의 사랑으로 값없이 주어지는 것이기 때문입니다.

우리는 행위의 값을 조금 지불하고 하나님의 은혜를 사려고 합니다. 그러기에 교회 예배에 열심히 참석하고, 기도하고, 제자훈련을 받고, 교회봉사와 선한 일을 많이 했을 때 주어지는 은혜는 마땅히 받을 만한 것이라고 생각합니다. 이와는 반대로 교회 생활에 불성실했고, 하나님께 드린 것이 없고, 세상에 허덕이며 허물 많은 모습이 생각나면 은혜 받을 자격이 없다고 생각하며 스스로를 자책합니다.

내가 하나님께 열심이었기에 은혜 받을 자격이 있다고 믿는 것이나, 하나님께 드린 것이 없어 은혜 받을 자격이 없다고 생각하는 신앙은 둘 다 잘못입니다. 하나님의 은혜는 자격 없는 자에게 값없이 주어지는 선물이기 때문입니다. 하나님의 선물은 내가 하나님을 잘 섬겨야 한다는 조건이나 요구 사항이 없습니다. 만약 내게 하나님의 은혜를 받을 자격이 필요하다면 그것은 결코 은혜가 아니며, 값없이 주어지는 하나님의 선물도 아닙니다.

만약 내게 하나님의 은혜를 받을 자격이 필요하다면
그것은 결코 은혜가 아니며, 값없이 주어지는
하나님의 선물도 아닙니다.

성경에는 하나님의 사랑을 거저 주시는 은혜와 선물이라 거듭 강조하고 있습니다. 만약 하나님이 내게 은혜와 선물을 받기 위한 선결 조건으로 기도와 예배와 찬양과 열심과 봉사 등을 강조한다면, 그 하나님은 거짓말쟁이입니다. 그런데 안타깝게도 많은 목사님들의 설교들이 은혜 받기 위한 자격들을 요구하며 하나님을 거짓말쟁이로 만들고 있습니다. 하나님의 은혜를 은혜 되지 못하게 하는 것이요, 복음을 복음 되지 못하게 하는 것입니다.

하나님 은혜의 선물에 대해 우리는 그 값을 지불할 수도 없습니다. 지갑에 1만 원밖에 없는 사람이 1억 원짜리 물건을 살수 없듯이, 하나님 은혜의 선물은 값을 지불할 수 없을 만큼 엄청나게 비싼 것이기 때문입니다. 그 값은 오직 예수만이 지불할수 있고 우리에게 필요한 은혜는 이미 예수께서 모든 값을 치르셨기에, 이제는 그리스도 예수 안에서 예수께서 이미 지불하신하나님의 은혜의 선물들을 찾아 누리는 것이 필요할 뿐입니다.

하나님 은혜를 받기 위한 자격을 운운하는 것은 하나님 은혜의 값이 얼마나 큰지 모르기 때문입니다. 하나님의 은혜는 결코 내가 드린 기도 조금, 봉사 조금, 제자훈련 조금 등으로 살 수 있는 것이 아닙니다. 만약 우리가 은혜를 값이라 생각하게 되면 은혜를 기뻐하기보다는 은혜 받기 위한 값을 치르기 위해 몸부림치게 됩니다. 신앙이 의무가 되어 기쁨을 상실하게 되는 것도 바로 이 때문입니다.

어느 날 친구가 내게 멋진 옷을 선물해주었다고 가정해보십시오. 내가 그 옷을 날마다 즐겨 입는다면 그 옷을 선물한 친구는 무척 기뻐할 것입니다. 그러나 옷을 입지 않고 처박아둔다면 선물을 준 친구는 무척 서운한 마음이 들겠지요. 혹은 선물 주는 친구에게 옷값을 지불하려 한다면 이 또한 선물하는 친구의 마음을 아프게 하는 것입니다. 내게 선물을 준 친구는 내가 그 선물을 감사하는 마음으로 받아 잘 활용할 때 가장 기뻐할 것입니다.

복음은 하나님의 은혜가 선물이라고 강조합니다. 그것도 값 없이 넘치게 부어주시는 공짜 선물입니다. 우리에게는 공짜이지만, 이미 예수께서 십자가에 달려 그 값을 다 지불하셨기에, 이제 우리 마음의 눈을 열어 그리스도 예수 안에서 그 놀라운 하나님 은혜의 선물을 받아 누리는 일이 필요할 뿐입니다.

오늘 하늘로부터 당신에게 초청장이 도착했습니다. 예쁜 초청장 안에 이런 초대 문구가 적혀 있습니다.

"너희 목마른 자들아, 물로 나아오라 돈 없는 자도 오라.

너희는 와서 사 먹되 돈 없이 값없이 와서 포도주와 젖을 사라."

이사야 55:1

"성령과 신부가 '오라' 하시는도다.

듣는 자도 오라 할 것이요, 목마른 자도 올 것이요,

또 원하는 자는 값없이 생명수를 받으라 하시더라."

요한계시록 22:17

3
하나님의 비밀이란

"하나님의 비밀인 그리스도를 깨닫게 하려 함이니."
골로새서 2:2

사람들은 누구나 한두 가지 이상의 비밀을 가지고 있
습니다. 서로 사랑하는 부부라 할지라도 다 말하지 못
하는 비밀이 있기도 하지요. 오늘 사도 바울은 비밀이
라는 신비스런 단어를 사용하여 그동안 하나님이 꼭
꼭 감춰놓으셨던 그분의 가장 은밀한 것을 말하고 있
습니다.

내가 누군가의 비밀을 안다면, 그의 모든 것을 안
다고 말할 수 있을 것입니다. 그러나 아직 그 비밀을
알지 못한다면, 내가 그를 안다 이야기하더라도 사실
은 잘 모르고 있는 것과 다름없습니다.

하나님을 향한 열심으로 가득했던 바리새인과 서

우리가 알아야 할 것은 하나님에 대한
많은 지식이 아니라, 하나님의 비밀입니다.

기관들은 그 누구보다 하나님을 잘 알고 있었습니다.
그들은 오직 하나님 한 분을 향한 종교적 열심으로
살아가던 사람들이었습니다. 누구보다 하나님에 대한
지식이 많았던 그들이었지만 딱 하나, 하나님의 비밀
을 모르고 있었기 때문에 그들은 하나님에 대해 전혀
모르는 사람이 되었습니다.

　오늘날 하나님을 열심히 믿는 우리들도 마찬가지
입니다. 우리가 알아야 할 것은 하나님에 대한 많은
지식이 아니라, 하나님의 비밀입니다. 성경 지식이 아
무리 많아도 하나님의 비밀을 모른다면 아무 의미 없
는 쭉정이에 불과합니다. 하나님의 비밀을 모른다면
"나는 많이 알고 있다"는 자만심 속에서 바리새인과
같이 스스로 갇혀 생명을 잃고 맙니다. 아무리 예수
제자의 도를 배우고, 교회봉사에 열정과 헌신을 다 바

칠지라도 하나님의 비밀을 모른다면 허망한 데에 인생을 낭비한 것에 불과하지요.

오늘 사도 바울은 하나님의 모든 것이 담겨 있는 하나님의 비밀을 모든 사람이 깨닫기를 간절히 원하고 있습니다. 우리가 알아야 할 비밀은 무엇일까요? 바울은 바로 "그리스도 예수"라고 간단히 대답합니다. "예수 그리스도"는 우리가 이미 알고 있는 너무 쉬운 이야기입니다. 우리는 길을 오가며 종종 "예수 천당, 불신 지옥"이라는 외침을 듣게 됩니다. 이게 바울이 말한 하나님 비밀의 전부일까요? 그렇지 않습니다. 사도 바울은 "이 비밀의 영광이 얼마나 풍성한 것인지"골로새서 1:27 우리가 알기를 간절히 원했습니다. 바울은 하나님 아버지께서 모든 충만으로 예수 안에 거하게골로새서 1:19 하셨고, "하나님의 비밀인 그리스도 안에는 지혜와 지식의 모든 보화가 감추어 있다"골로새서 2:2-3라고 하나님 비밀의 풍요함을 강조하였습니다.

우리는 예수를 안다고 생각합니다. 물이 포도주가 되게 하시고, 물고기 두 마리와 빵 다섯 개로 수많은

부리를 먹이신 이야기를 잘 압니다. 나면서부터 앞을
못 보는 맹인의 눈을 뜨게 하셨고, 문둥병자를 비롯하
여 수많은 병자를 치유해주었음도 잘 압니다. 회당장
야이로의 딸과 가난한 과부의 외아들을 죽음에서 다
시 살리신 것과 심지어 죽은 지 3일이 지나 썩어 냄새
나던 나사로의 놀라운 부활 사건도 잘 압니다. 이뿐만
아니라 예수께서 우리의 죄를 대신 지고 십자가에 죽
으시고 3일 만에 부활하심으로, 그 예수를 믿으면 천
국에 갈 수 있다는 것도 잘 알고 있습니다.

　우리는 성경을 많이 읽었고 설교를 수없이 들었기
에, 이제는 예배를 시작하며 목사님이 성경 본문만 읽
어도 무슨 말씀을 하실지 대충 짐작할 정도입니다.

　이처럼 기쁨의 복음으로 찾아오신 예수를 잘 알고
있고 예수를 '나의 주'라 믿고 고백하고 있는데, 왜 삶
에 기쁨이 없는 것일까요? 오늘도 하나님께 잘 보이
기 위해 열심히 노력해보지만, 내가 보기에도 별로 만
족스럽지 못하고 하나님도 나를 크게 기뻐하시지 않
을 것 같다고 생각할까요?

우리가 하나님과의 관계에서 기쁨과 생기를 잃어 버린 것은 우리의 헌신과 열심이 부족하기 때문도, 기도를 게을리하고 말씀을 제대로 보지 않고 교회생활에 열심을 내지 않았기 때문도 아닙니다. 그 까닭은 아직 하나님의 비밀을 잘 모르고 있기 때문입니다.

하나님의 비밀은 이미 2,000년 전에 온 세상에 공개되었습니다. 하나님께는 더 이상의 비밀이 없습니다. 그러나 아직도 많은 사람들에게 비밀로 남아 있습니다. 예수를 모르는 사람들에게만 해당되는 것은 아닙니다. 교회에 나와 예배를 드리고 예수의 이름으로 기도도 하고, 하나님을 위해 봉사하는 수많은 신앙인들에게도 예수는 아직도 '감추어진 비밀'로 남아 있습니다.

하나님께서 당신의 비밀을 이미 우리에게 보여주었건만 아직도 비밀로 남아 있는 이유는 무엇일까요? 거짓 영이 우리의 눈을 가리고 있기 때문입니다. 사탄은 예수 자체를 부정하지 않습니다. 예수는 이미 역사 속의 인물이기 때문입니다. 거짓 영은 예수가 우리 안에 이뤄주신 놀라운 자유와 기쁨의 소식을 가립니다. 거짓 영은 하나님을 사랑하는 자는 하나님을 위해 열심히 봉사하고 헌신해야 한다며 기쁨의 복음을 의무와 책임으로 전락시킵니다. 사탄은 하나님께 받은 은혜에 보답하기 위해 하나님을 열심히 섬겨야 한다며 그분을 누리는 기쁨을 빼앗고, 하나님의 영광을 위해 삶의 기쁨을 마땅히 희생해야 한다고 강요합니다.

이제 우리는 하나님의 비밀을 가리는 사탄의 계략에서 벗어나야 합니다. 하나님의 비밀을 아는 사람은 언제나 기쁨이 충만합니다. 우리가 하나님을 만족시킬 정도로 완벽한 삶을 살아서가 아니라, 하나님이 날마다 우리를 기쁨으로 만족시켜주시기 때문입니다. 복음, 곧 하나님의 비밀은 우리가 기쁨을 드려야 할 하나님이 아니라, 우리에게 기쁨을 주시는 하나님을 이야기합니다. 복음은 하나님의 이름으로 얽어매는 모든 것으로부터 나를 자유롭게 하는 기쁨의 소식입니다.

그렇다면 우리가 알아야 할 예수 안에 감추어진 비밀은 무엇일까요? 그것은 의외로 아주 단순합니다.

복음은 하나님의 이름으로
얽어매는 모든 것으로부터
나를 자유롭게 하는 기쁨의 소식입니다.

어느 날, 생 텍쥐페리의 『어린 왕자』라는 동화 속
에서 지금까지 복음에 대해 들어본 어떤 설교보다 쉽
고, 그 어떤 신학자의 해석보다도 명쾌하게 하나님의
비밀을 풀어주는 이야기를 읽게 되었습니다.

저 하늘 어떤 작은 별에 어린 왕자가 살고 있었습니다.
어린 왕자가 사는 별에는 예쁜 빨간 장미 한 송이가 피
어 있었습니다. 어린 왕자는 매일 물을 주고 벌레도 잡
아주고 덮개로 덮어 바람과 추위로부터 장미를 보호해
주었습니다. 어린 왕자는 이 장미가 우주에서 유일하게
자신의 별에만 있는 것으로 생각하고 장미를 자랑스러
워했습니다.

어느 날 어린 왕자는 자기의 별을 떠나 우주의 별들

을 여행하기 시작했습니다. 이 별 저 별을 여행하다가 일곱 번째 여행지로 지구라는 별에 도착했습니다. 그런데 지구별에 도착하여 이곳저곳을 구경하던 어린 왕자는 깜짝 놀라게 되었습니다. 그동안 자신이 유일하다고 생각한 그 장미와 똑같은 장미꽃이 무려 5,000송이가 피어 있는 것입니다! 크게 실망한 어린 왕자는 풀밭에 엎드려 엉엉 울고 맙니다. 이때 슬피 우는 어린 왕자에게 작은 여우가 나타나 왜 울고 있느냐고 물었습니다. 어린 왕자는 자신이 실망한 이유를 작은 여우에게 말했습니다.

작은 여우는 울고 있는 어린 왕자를 위로하며 "장미 정원에 다시 가서 장미꽃들을 잘 살펴봐. 너의 꽃이 이 세상에서 단 하나밖에 없다는 것을 알게 될 거야"라고 합니다. 작은 여우의 말을 듣고 다시 장미 정원을 찾아간 어린 왕자는 장미꽃들을 잘 살펴보았습니다. 이때 어린 왕자는 장미 정원에 가득한 장미꽃들과 자기 별의 한 송이 장미가 모양은 똑같지만 전혀 다른 점이 있음을 깨달았습니다. 이때 작은 여우가 어린 왕자에게 놀라운 말을 합니다.

"내가 너에게 비밀을 말해줄까? 그건 아주 간단한 비밀이야."

"너의 장미꽃을 너에게 소중하게 만드는 것은, 네 장미꽃을 위해 네가 소비한 시간이야."

나는 작은 여우가 어린 왕자에게 건넨, "너의 장미꽃을 네게 소중하게 만드는 것은 네 장미꽃을 위해 네가 소비한 시간이야"라는 말에서 하나님의 비밀을 푸는 열쇠를 찾았습니다. 그동안 감춰져 있던 하나님의 놀라운 비밀은 바로 이것이었습니다. 어린 왕자에게 장미 한 송이가 그토록 소중했던 것은 장미의 아름다움 때문이 아니라 장미를 위해 그동안 어린 왕자가 기울인 정성과 사랑 때문인 것처럼, 내가 하나님께 사랑받고 그분께 기쁨이 되고 그분께 인정받는 것은, 하나님께 드리는 나의 열심 때문이 아니라, 하나님께서 나를 위해서 십자가의 모진 고통을 겪으신 크신 사랑 때문입니다.

바로 여기에 놀라운 하나님의 비밀이 있습니다.

하나님의 비밀은 "나를 향한 하나님의 사랑이 내게 가치를 부여한다"라는 것입니다. 복음이 기쁜 소식인 까닭은 내가 나의 열심과 노력으로 하나님께 나의 가치를 증명해내야 하는 것이 아니라, 하나님이 나를 사랑하셔서 하나님의 사랑스런 자녀라는 놀라운 가치를 내게 선물로 주셨다는 것입니다.

우리는 이미 하나님이 기뻐하시는 하나님의 자녀입니다. 오늘도 넘어지고 허물 많은 보잘것없는 모습이지만, 이런 우리를 위해 예수가 찾아오셨고 당신의 목숨을 버리셨기에 우리는 예수의 목숨처럼 소중한 존재가 된 것입니다.

사도 바울은 예수를 알기 전에 그 누구보다 하나님께 열심이었던 신앙의 사람이었습니다. 바울은 말씀 공부에 열심이었고, 교회봉사에 그 누구보다 열정적이었습니다. 자기 양심에 스스로 꺼릴 것이 아무것도 없다고 고백할 만큼 하나님 앞에 완전하고자 노력했습니다. 그러나 바울은 하나님의 비밀인 예수를 만나고 보니, 자신이 하나님을 위한다고 했던 자신의 신앙이 참으로 잘못된 것이었음을 깨닫게 되었습니다.

하나님은 오늘 우리에게 바울의 입을 통해 우리가 하나님께 헌신과 열심이 부족하다고 말씀하시지 않습니다. 하나님은 오늘 우리에게 새로운 의무를 요구하지도 않으십니다. 우리에게 필요한 단 한 가지는 하나님의 비밀, 하나님의 가장 기뻐하시는 하나님의 마음을 아는 것입니다. 하나님이 나를 위해 얼마나 많은 수고를 했는지 깨닫는 것입니다. 그분의 수고가 오늘 나를 당신의 자녀로 세워주심을 깨닫고 하나님과 더불어 기뻐하는 것입니다. 우리가 이 비밀을 모르고서는 하나님께 아무리 많은 재물을 드리고, 아무리 열심히 섬긴다 해도 그것은 결코 하나님을 위한 것이 아닙니다.

당신의 가치는 당신에게 쏟아부어 주신 하나님 사랑 안에 있습니다. 우리는 이미 하나님의 기뻐하시는 자녀입니다. 하나님의 놀라운 비밀을 소유한 행복한 믿음의 길로 초대합니다.

2부

하나님,
아낌없이 주시는 분

하나님은 더 이상 이해하지 못할 난해한 분도 추상적인 분도 아닙니다. 이제

하나님은 사람이 이해할 수 있는 언어와 방법으로 말씀하십니다. 하나님의 나라

는 찾아가는 것이 아닙니다. 하나님의 나라가 나를 찾아와 내 삶 한가운데 임하는

것입니다.

4
나를 찾아오신 하나님

"참 빛 곧 세상에 와서 각 사람에게 비취는 빛이 있었나니."
요한복음 1:9

내 책상 앞에는 네 장의 사진이 붙어 있습니다. 마티아스 그뤼네발트Matthias Grünewald의 "십자가 처형"이라는 십자가에 달려 고통받는 예수의 모습과, 두 손 모으고 애절히 기도하는 예수, 제자들의 발을 씻겨주시는 예수, 그리고 아빠와 아기가 함께 숲을 걷는 사진입니다.

어느 날 두터운 사진 책을 보던 중에 한 사진에 눈

길이 닿는 순간, 나를 향한 하나님 아버지의 사랑이 가슴으로 밀려드는 벅찬 감동을 느꼈습니다. 사진 안에는 거대한 나무들이 늘어선 숲길에서 아장아장 걸음마를 배우는 갓난아기와 아빠가 서로를 다정하게 바라보고 있습니다. 고개를 살짝 들어 아빠를 바라보는 꼬맹이 아가에게, 아빠는 허리를 90도 숙여 가까이 다가가 마주보며 빙그레 웃고 있고요.

나는 이 한 장의 사진 속에서 사랑으로 내게 다가오시는 하나님을 만날 수 있었습니다. 하나님은 내게 당신의 높은 수준으로 올라오라 하지 않으셨습니다. 오히려 반대로 당신의 허리를 낮춰 별 볼 일 없는 내게 눈을 맞추시는 사랑의 하나님이셨습니다.

나는 지금까지 교회가 요구하는 하나님의 높은 기준에 맞추기 위해 애쓰며 살아왔습니다. 예수를 믿은 지 벌써 몇 해째인데 더 거룩해지지도, 영적으로 더 높은 곳에 오르지도 못하는 모습을 보며 스스로 좌절하기도 하고, 때론 못난 나 자신에 절망하기도 했습니다. 그러나 예수가 보여주신 복음 속의 하나님은 거룩

하나님은 당신을 낮추어
내게로 내려오신 분이었습니다.

함과 열심이라는 높은 기준을 세우시고 그곳으로 나를 올라오라 하는 분이 아니었습니다. 오히려 하나님은 당신을 낮추어 내게로 내려오신 분이었습니다.

요즘 눈높이 교육의 중요성이 강조되는데, 세계 최초로 눈높이 교육을 하신 분은 하나님입니다. 하늘의 하나님은 우리가 그분을 좀더 쉽게 찾도록 인간의 몸을 입고 이 땅에 내려오셨습니다. 하나님은 더 이상 하늘에만 계시지 않습니다. 하나님은 우리 곁에 그리고 언제나 우리와 함께하십니다. 이제 우리는 하나님을 우리 눈으로 볼 수 있고, 손으로 만질 수 있고, 그분의 부드러운 음성을 들을 수 있습니다.

신약성경을 읽어가던 어느 날, 유독 한 단어가 크게 보이기 시작했습니다. 영혼의 눈을 떠서 그 단어의 깊은 뜻을 알고 나니, 그 단어는 신약의 처음부터 마지막까지 성경의 중심을 흐르고 있더군요. 복음의 모든 것이 바로 이 한 단어 안에 있었습니다. 이 단어는 복음의 설명이요, 요약이요, 전부였습니다. 그것은 "오셨다"came였습니다.

"내가 하늘에서 내려 온 것은⋯." 요한복음 6:38

"참 빛 곧 세상에 와서 각 사람에게 비춰는 빛이 있었나니." 요한복음 1:9

"내가 온 것은 양으로 생명을 얻게 하고⋯." 요한복음 10:10

"그리스도 예수께서 죄인을 구하려고 세상에 임하셨다." 디모데전서 1:15

신약성경에는 "오셨다"came라는 단어가 반복되고 있습니다. 그 단어는 언젠가 앞으로 '오실 것이다'라는 막연한 희망이 아니며, 이미 2,000년 전에 한 번 오신 것으로 끝난 과거의 추억도 아닙니다. "오셨다"는 이미 오신 '과거 완료형'일 뿐만 아니라, 지금도 함께하고 있는 '현재 진행형'입니다.

하나님은 더 이상 하늘에만 머무시지 않고, 이 세상에 오셨습니다. 하나님이 오신 세상은 나와 상관없는 먼 세상이 아니라 바로 내게 오셨음을 의미합니다. 만약 하나님이 세상에는 오셨는데 내게 오시지 않았다면, 그분이 세상에 와서 아무리 큰일을 하셨더라도 나와 아무 상관이 없는 분입니다. 세상에 오신 하나님이란 곧 내게 오신 하나님입니다. 그리고 그 하나님은 삶 안에서 나와 함께하십니다.

사도 바울은 우리에게 오신 하나님을 가리켜 "이 비밀은 곧 너희 안에 계신 그리스도"골로새서 1:27라고 강조했습니다. 복음이 기쁨인 이유는 "하나님께로 나아오라"고 하지 않고, 하나님이 직접 찾아오셨기 때문입니다. 우리에게 오신 하나님은 곧 떠나기 위함이 아니라 우리 안에 머물기 위함입니다. 하나님이 찾아오셨을 뿐만 아니라, 우리 안에 머물고 계시다는 사실 때문에 복음은 더욱 기쁜 소식이 됩니다.

마을에 한 아가씨를 사모하게 된 총각이 있었습니다. 매일 밤마다 아가씨를 사랑한다는 흠모의 편지를 아가씨 방 앞에 던져 놓았습니다. 지성이면 감천이었을까요. 아가씨에게서 어느 날 몇 시에 찾아오라는 답장이 왔습니다. 마침내 꿈에도 그리던 약속의 날, 두근거리는 가슴으로 아가씨의 방을 톡톡 두드렸습니다. 안에서 "누구세요?" 하는 옥구슬처럼 맑은 목소리가 들려왔습니다. 총각은 떨리는 목소리를 가다듬어 "저예요"라고 대답했습니다. 그러나 기대했던 문은 열리지 않고 다시 "누구신가요?"라는 물음이 들려왔습니다. 총각은 다시 "저예요"라고 대답했습니다. 그러나 안타깝게도 아가씨는 "나는 그런 사람 모릅니다. 돌아가세요"라고 단호하게 거절하였습니다. '언제는 오라 해놓고 이제는 나를 모른다니?' 낙담한 총각은 발길을 돌리다가 번뜩 떠오르는 것이 있었습니다. 얼른 아가씨의 방문을 두드리며 "당신입니다"라고 이야기했습니다. 그러자 방문이 활짝 열리며 꿈에도 사모하던 아가씨가 반갑게 맞아주었습니다.

'육화' 곧 "하나님이 이 세상에 오셨다"는 것은 하

나님께서 바로 내가 되기 위해 오셨다는 뜻입니다. 이 것이 바로 바울이 말한 "내 안에 계신 예수" 곧 하나님의 비밀입니다. 이 놀라운 비밀을 아는 자는 하나님을 찾아다니는 고생을 하지 않습니다. 하나님이 나를 기뻐하시지 않을까 염려하지 않습니다. 하나님께 인정받기 위해 이 일 저 일로 불안해하며 죄의식 속에 머물지도 않습니다. 하나님은 나를 기뻐하시며 언제나 나와 함께하시는 사랑임을 알기 때문입니다. 자신 안에 하나님과 함께하는 사람은 늘 기쁨으로 가득하게 됩니다.

우리는 하나님을 밖에서 찾으려 합니다. 우리는 거룩해 보이는 이곳저곳으로 하나님을 찾아다닙니다. 그러나 하나님을 밖에서 찾으려 한다면 우리는 그분을 영원히 만날 수 없습니다. 그리고 우리의 신앙은

자신 안에 하나님과 함께하는 사람은
늘 기쁨으로 가득하게 됩니다.

그분을 어떻게 만족시킬까 하는 염려와 불안으로 가득할 수밖에 없습니다.

"오셨다"는 단어는 단순하지만 복음의 모든 것이 담겨 있습니다. 우리는 그동안 하나님께 나아오라는 이야기를 들어왔습니다. 저 역시 지금까지 하나님께 나아가고자 애를 썼습니다. 그러나 복음을 알고 나니 하나님은 이미 내 곁에 다가와 나와 함께 계셨습니다. 하나님은 더 이상 저 높은 하늘이 아니라, 우리와 함께 계십니다. 하나님은 더 이상 이해하지 못할 난해한 분도 추상적인 분도 아닙니다. 이제 하나님은 사람이 이해할 수 있는 언어와 방법으로 말씀하십니다. 이게 바로 눈높이 교육의 시조인 복음의 기쁜 소식입니다.

예수는 공생애 사역을 시작하시며 "하나님의 나라가 너희에게 가까이 왔다"라고 말씀하셨습니다. 하나님의 나라는 찾아가는 것이 아닙니다. 하나님의 나라가 우리를 찾아와 삶 한가운데 임하는 것입니다. 하나님의 나라는 내가 하나님께 많은 것을 드려서 찾아온 것이 아닙니다. 신앙적으로 거룩하고 완전해서 찾아온 것도 더욱 아닙니다. 예수는 죄인을 찾아오셨습니다. 연약한 자, 허물 많은 자, 넘어지고 쓰러진 자, 하나님께 드린 것이 아무것도 없는 보잘것없고 가난한 영혼을 찾아오셨습니다.

오늘 해야 할 것은 하나님을 만족시키기 위해 하나님께 새로운 헌신을 다짐하고, 더 많은 열심을 드리는 것이 아닙니다. 오늘 이 시간, 지금 이 자리에 나를 찾아와 나와 함께하시는 하나님께 마음을 열고 내 안에 나와 함께 머물고 계신 하나님을 받아들이는 것이 우리가 하나님을 위해 할 수 있는 전부입니다. 이것이 바로 기쁜 소식, 복음입니다.

당신을 향한 하나님의 간절한 요청이 있습니다.

"볼지어다! 내가 문 밖에 서서 두드리노니,
누구든지 내 음성을 듣고 문을 열면,
내가 그에게로 들어가 그로 더불어 먹고
그는 나와 더불어 먹으리라." 요한계시록 3:20

5
모든 것을 주시는 하나님

"자기 아들을 아끼지 아니하시고 우리 모든 사람을 위하여 내주신 이가
어찌 그 아들과 함께 모든 것을 우리에게 은사로 주시지 아니하겠느냐."
로마서 8:32

효녀 심청이 바다에 던져진 까닭은 뱃사람들이 바다의 용왕신
께 순결한 처녀를 제물로 드려 신을 만족시키고 그 대가로 평온
한 바닷길을 얻으려 함이었습니다. 실제로 세계의 오지마을에
는 아직도 매년 한 번씩 마을의 처녀 중 한 명을 신께 제물로 드
리는 종족이 있다는 신문기사를 읽은 적이 있습니다.

세상에 모든 종교는 인간이 신께 나아가 예물을 드려 신을
만족시키는 것입니다. 신께 드리는 제물의 종류만 차이가 있을
뿐, 예물로 신을 만족시키고 그 보답으로 풍요와 번영과 안정과
성공을 얻으려는 것은 모든 종교가 한결같습니다.

성경 역시 번제, 소제, 화목제, 속죄제, 속건제 등 다양한 제사가 있고, 제사 방법까지 상세하게 제시하고 있습니다. 제사에서 가장 중요한 것은 하나님의 흠향하심, 곧 우리가 드린 제사를 하나님이 만족스럽게 받아들이셨냐입니다.

오늘 우리 역시 하나님께 드리는 예배와 찬양과 기도 등의 신앙생활이란 하나님을 만족시키기 위한 노력들이고, 하나님 만족의 대가로 복을 얻게 된다고 믿고 있습니다. 그래서 늘 하나님을 만족시키기 위해 전전긍긍합니다. 우리의 모든 신앙생활은 하나님을 만족시키기 위한 일이라 할 수 있습니다.

만약 예배를 비롯한 우리의 모든 종교적 행위가 하나님을 만족시키기 위한 것이라면 기독교와 다른 종교의 차이는 어디에 있을까요? 분명히 기쁨의 소식 복음은 인간이 이전에 경험해보지 못한 전혀 새로운 것이라 했지만, 우리의 신앙생활이 하나님을 만족시키기 위한 것이라면 다른 종교와 다를 것도 없고, 전혀 새로운 것도 아닙니다.

그러나 성경에는 복음과 세상의 다른 종교와의 차이를 알

성경에는 예수가 내게 달라 하지 않고,
이미 주신 것과 앞으로 주시겠다고
약속하신 것들로 가득합니다.

려주는 단어가 있습니다. 성경을 펼치고 천천히 읽어보십시오. 신약성경의 처음부터 마지막까지 강물처럼 끝없이 흐르는 한 단어가 있는데, 바로 "주셨다"gave라는 단어입니다.

복음과 다른 종교들과의 차이가 여기에 있습니다. 복음은 "하나님을 만족시키기 위해 하나님께 많은 것을 드리라"라고 하지 않고 "하나님이 인간을 위해 자신의 생명까지 주셨다"라고 이야기합니다. 하나님께 "드리라" 하지 않고 하나님이 우리에게 "주셨다"는 것, 바로 여기에 복음의 새로움과 놀라움이 숨겨 있습니다.

신약성경에서 예수가 우리에게 "주신 것"과 또 앞으로 "주시겠다" 약속한 말씀들을 찾아보는 것은 참으로 흥미진지한 일

입니다. 성경에는 예수가 내게 달라 하지 않고, 이미 주신 것과
앞으로 주시겠다고 약속하신 것들로 가득합니다.

"영접하는 자 곧 그 이름을 믿는 자에게는 하나님의 자녀가 되는
   권세를 주셨으니." 요한복음 1:12

"하나님이 세상을 이처럼 사랑하사 독생자를 주셨으니." 요한복음 3:16

"내가 주는 물은 그 속에서 영생하도록 솟아나는 샘물이 되리라." 요
   한복음 4:14

"이 양식(영생하도록 있는 양식)은 인자가 너희에게 주리니." 요한복음
   6:27

"하늘의 떡은 하늘에서 내려 세상에 생명을 주는 것이니라." 요한복음
   6:33

"내가 그들에게 영생을 주노니." 요한복음 10:28

"평안을 너희에게 끼치노니 곧 나의 평안을 너희에게 주노라." 요한
   복음 14:27

"너희가 무엇이든지 아버지께 구하는 것을 내 이름으로 주리라." 요

한복음 16:23

"하나님이 우리에게 주신 것은 오직 능력과 사랑과 근신하는 마음

이니." 디모데후서 1:7

"그가 모든 사람을 위하여 자기를 대속물로 주셨으니." 디모데전서 2:6

"주 예수 그리스도로 말미암아 우리에게 이김을 주시는 하나님." 고

린도전서 15:57

"그리스도 예수 안에서 너희에게 주신 하나님의 은혜." 고린도전서 1:14

하나님이 우리에게 주신 선물들은 하나님의 자녀가 되는 권
세를 비롯하여 영생의 양식과 은혜와 평안 그리고 세상을 이기
는 승리의 능력에 이르기까지, 우리가 이 땅에 살아가는 데 필
요한 모든 것을 주셨고 또 주시겠다고 약속하고 있습니다. 하나
님의 많은 약속들이 내 삶에 선물로 주어져 있습니다. 이미 주
신 약속들을 믿고 의지하여 살면서 그 약속들이 약속으로 끝나
지 않고, 삶 속에서 구체적인 현실이 되도록 경험해가는 것이
곧 믿음의 삶입니다.

하나님은 많은 것을 주셨을 뿐만 아니라, 당신의 생명까지도 나를 위해 주셨습니다. 그래서 바울은 하나님의 주심을 "자기 아들을 아끼지 아니하시고 우리 모든 사람을 위하여 내주신 이가 어찌 그 아들과 함께 모든 것을 우리에게 은사로 주시지 아니하겠느냐"로마서 8:32라고 강조하였습니다.

하나님은 요구하는 분이 아니라 오히려 당신의 모든 것을 내게 주시는 분입니다. 오늘 내게 필요한 것은 하나님을 기쁘시게 하기 위해 무언가 드릴 것을 찾는 것이 아니라, 하나님이 내게 한량없이 부어주신 것들을 찾아 누리는 것입니다. 하나님이 주신 은혜를 누릴 때 내 영혼에 감사가 가득 넘치게 됩니다. 하나님을 만족시키기 위해 강요된 예배가 아니라, 샘솟듯 감사 가득한 마음에서 솟아나는 기쁨의 예배를 하나님이 즐겨 받으시기 때문입니다.

오늘도 많은 신앙인들이 하나님이 나를 구원하셨고 천국을 주셨으니 하나님께 보답해야 한다고 생각합니다. 하나님의 은혜에 보답하는 삶을 사는 것은 너무도 당연한 이야기입니다만, 하

하나님을 향한 진정한 보답은 그가 주신
복음의 기쁨을 충만히 누리는 것입니다.

나님을 향한 보답이 내 마음을 누르는 무거운 짐이 되고 고통스
럽다면 이는 분명 잘못된 신앙입니다.

오늘 우리는 하나님이 우리에게 주신 놀라운 선물이 무엇인
지 제대로 알지도 못한 채, 성도의 의무라는 무거운 짐만 가득
지고 고통스러워하고 있습니다. 우리에게 넘치는 은혜를 주신
하나님을 향한 진정한 보답은 그가 주신 복음의 기쁨을 충만히
누리는 것입니다. 이것이 은혜를 은혜 되게 하는 것이요. 자신
의 목숨을 희생하며 은혜를 주신 하나님의 뜻을 이루는 것이요,
그것이 그분을 영광스럽게 하는 것입니다.

독일의 디메르크 마을 한 성당 돌판에 이런 시가 새겨져 있
다고 합니다.

너희는 나를 주라 부르면서도 따르지 않았고,

너희는 나를 빛이라 부르면서도 우러러 보지 않았고,

너희는 나를 길이라 부르면서도 걷지 않았고,

너희는 나를 삶이라 부르면서도 배우려 하지 않았고,

너희는 나를 깨끗하다 하면서도 사랑하지 않았고,

너희는 나를 부하다 하면서도 구하지 않았고,

너희는 나를 영원하다 하면서도 찾지 않았고,

너희는 나를 문이라 부르면서도 두드리지 않았고,

너희는 나를 존귀하다 하면서도 섬기지 않았고,

너희는 나를 강하다 하면서도 존경하지 않았고,

너희는 나를 의롭다 하면서도 두려워하지 않았고,

너희는 나를 따른다 하면서도 십자가를 지지 않았다.

그러므로 너희를 내가 꾸짖어도 나를 탓하지 말라.

오래전에 이 시를 책상 앞에 붙여놓고 날마다 읽으며 게을러지
는 내 자신을 채찍질하며 예수를 향한 열심을 독려하던 때가 있

었습니다. 그러나 이젠 아닙니다. 이 시는 복음과는 거리가 멀기 때문입니다. 이 시는 읽을수록 예수라는 분이 너무 무거운 짐이 되고, 숨이 막힐 것만 같습니다. 예수가 언제는 당신의 생명까지 다 주시더니, 이제는 그것에 대한 보답과 대가를 요구하신다면 그것은 사랑이 아니기 때문입니다. 예수는 대가와 보답을 바라지 않고 값없이 선물로 주시는 사랑입니다. 예수는 사랑의 값을 요구하지 않습니다.

위의 시처럼 늘 우리의 연약한 마음을 찔리게 하는 "내 너를 위하여"311장; 통일찬송가 185장라는 찬송이 있습니다.

(1) 내 너를 위하여 몸 버려 피 흘려

　　네 죄를 속하여 살 길을 주었다

　　널 위해 몸을 주건만 너 무엇 주느냐

　　널 위해 몸을 주건만 너 무엇 주느냐

(2) 아버지 보좌와 그 영광 떠나서

　　밤 같은 세상에 만백성 구하려

내 몸을 희생했건만 너 무엇 하느냐

내 몸을 희생했건만 너 무엇 하느냐

(3) 죄 중에 빠져서 영 죽을 인생을

구하여 주려고 나 피를 흘렸다

네 죄를 대속했건만 너 무엇 하느냐

네 죄를 대속했건만 너 무엇 하느냐

(4) 한없는 용서와 참 사랑 가지고

세상에 내려와 값없이 주었다

이것이 귀중하건만 너 무엇 주느냐

이것이 귀중하건만 너 무엇 주느냐

이 찬송을 참 많이 애창했고, 그때마다 자신의 부족함을 돌아보며 주님께 미안한 마음으로 눈물 흘리곤 했습니다. 이 찬송을 부르며 새로운 헌신을 거듭 다짐해보지만, 여전히 삶은 달라지지 않았습니다. "너 무엇 주느냐?"는 찬송을 부를수록 마음의 짐만 더 무거워지고, 죄책감과 함께 달라지지 않는 못난 내 모습이 한없이 미울 뿐이었습니다. 그러나 이 찬송 또한 값없이 주시는 하나님의 사랑과는 거리가 멉니다. 이 찬송에 나오는 예수는 보답과 대가를 요구하는 옹졸한 분에 불과합니다.

율법은 우리에게 한없이 요구합니다. 그러나 복음은 우리에게 한없이 주고 또 줍니다. 율법과 복음을 구분하는 방법은 아주 간단합니다. 복음은 우리에게 많은 것을 값없이 주며 그 선물들을 받아 누리라고 합니다. 그러나 율법은 우리에게 지치도록 요구합니다. 율법은 우리에게 끝없이 요구하며 그 요구에 다 부응하지 못하는 우리에게 죄책감을 주고 좌절케 합니다. 복음과 율법에 다함이 없다는 점에서 공통점이 하나 있습니다. 복음은 주는 데 부요하여 다함없이 주며, 율법은 우리가 절망에 이르도록 끝없이 요구합니다.

오늘도 하나님을 만족시키기 위해 고민하고 있으신가요? 아닙니다. 복음은 세상의 종교와는 전혀 다릅니다. 복음은 내게 오라 하지 않고, 내게 달려오시는 하나님입니다. 복음은 내게 달라 하지 않고, 당신의 모든 것을 값없이 주시는 사랑의 하나

님입니다. 내게 달려오신 하나님, 그리고 내게 값없이 주신 하
나님을 알 때, 삶에 기쁨의 꽃이 가득 피어날 것입니다.

6
나의 발을 씻기시는 하나님

어둠을 헤치며 밝아오는 태양을 보고 해가 떠오른다 하고, 그 태양이 다시 서쪽 하늘을 붉게 물들이는 것을 일컬어 해가 진다고 이야기합니다. 사실 "해가 뜨고 진다"는 것은 잘못된 말입니다. 해가 뜨고 지는 것이 아니라 해를 중심으로 지구가 돌아가는 것이건만, 마치 해가 뜨고 지는 것처럼 착각하는 것이지요.

약 500년 전에 코페르니쿠스라는 사람이 있었습니다. 그는 사제였지만 하늘에 관심이 많았습니다. 그는 수천 년 동안 사람들이 진리라고 믿어왔던 천동설을 부인하고, 지구가 돈다는 지동설을 주장했습니다. 오늘날 우리는 지구가 움직이는 것이 당연한 사실이라고 인정합니다. 그러나 코페르니쿠스가 살던 시대는 어느 누구도 그 사실을 받아들이지 않았고, 오히려 종교재판을 통해 그에게 침묵을 강요했습니다.

그래서 지금까지의 관념을 뒤바꾸는 변화적 사고를 코페르니쿠스적 사고라고 이야기합니다. 예수의 오심, 곧 복음은 종교의 코페르니쿠스적 사건과 같습니다. 복음은 지금까지 우리가 알던 종교와 신에 대한 관념을 완전히 뒤바꾸는 놀라운 사건이기 때문이지요.

인간이 참 자유에 이르는 길은 하나님을 앎에서 비롯됩니다. 그런데 많은 사람들이 자신이 생각하는 하나님을 믿고 예배합니다. 하나님에 대한 잘못된 이해를 갖게 되면 그들은 자신이 믿는 믿음의 노예가 됩니다. 바리새인과 서기관들이 그러했습니다. 그들은 누구보다 열심히 하나님을 섬겼고 하나님을 향한 믿음이 삶의 전부였습니다. 그러나 그들은 자신들에게 생명을 주지 못하는 '자기 믿음'의 노예에 불과했을 뿐입니다.

예수는 하나님에 대해 그 누구보다 잘 안다고 자부하는 바리새인과 서기관들을 향해 "너희는 하나님을 알지 못한다"_{요한복}음 8:55라고 말씀하셨습니다. 하나님을 믿노라 하는 우리 역시 바리새인들처럼 하나님을 알지 못하는 것은 아닐까요?

예수는 "나를 믿는 자는 나를 믿는 것이 아니요 나를 보내신 이를 믿는 것이며, 나를 보는 자는 나를 보내신 이를 보는 것이라"요한복음 12:44라고 말씀하셨습니다. 사도 바울은 예수를 "보이지 않는 하나님의 형상"골로새서 1:15이라고 했습니다. 참 하나님을 알 수 있는 길은 오직 예수 그리스도만을 통해서입니다. 하나님은 예수 안에서 예수를 통해 역사하십니다. 예수 그리스도는 인간의 옷을 입고 오신 하나님입니다.

유월절을 앞두고 제자들과 함께 저녁 식사를 하던 예수는 자리에서 일어나 제자들의 발을 씻어주기 시작했습니다. 종이 주

예수 그리스도는
인간의 옷을 입고 오신 하나님입니다.

인을, 제자가 스승의 발을 씻어주는 것이 정상이기 때문에, 예수가 제자들의 발을 씻어준다는 것은 놀라운 사건이었습니다.

인간의 옷을 입고 오신 하나님인 예수께서 권위를 상징하는 겉옷을 벗고, 수건을 허리에 두르신 후에 제자들 앞에 무릎을 꿇고 그들의 발을 씻어주십니다. 섬김을 받으러 온 것이 아니라 섬기러 왔다던 예수께서 그동안 우리가 믿어온 하나님에 대한 생각을 바꿔주고 있습니다. 지금 우리 눈앞에 보이는 것은 지극히 높은 보좌에 앉아 계신 거룩하신 하나님이 아니라 제자들 앞에 무릎 꿇고 그들의 더러움을 씻어주고 계신 섬기시는 종의 모습입니다. 지금 하나님은 제자들의 발을 씻는 종에 불과합니다. 더 이상 위엄과 권위로 판단하고 정죄하는 하나님이 아닙니다.

지구가 중심이라고 믿던 이들에게 태양 중심의 사고 전환을 요구했던 코페르니쿠스처럼, 예수는 인간의 섬김을 받으시는 하나님 중심의 신앙으로부터 인간을 섬기시는 하나님으로의 사고 전환을 요구하고 있습니다. 코페르니쿠스의 지동설은 천동설을 진리로 믿어오던 이들에겐 엄청난 충격이었습니다. 그러나 아무리 믿기 어렵다 하더라도 지구가 돈다는 것은 변할 수 없는 진실이었습니다. 거룩하신 하나님의 이름조차 제대로 부를 수 없던 유대인들에게 '인간을 섬기는 하나님'이란, 지동설보다 더 충격이었을 것입니다. 그러나 이 역시 우리가 받아들여야 할 진리입니다.

예수께서 제자들의 발을 씻기기 시작하여 베드로 차례에 이르자 베드로는 절대 그럴 수 없다고 사양했습니다. 아마 그의 심정은 이랬을 것입니다.

"주님께서 제 발을 씻기시다니요? 다른 사람의 발은 몰라도 제 발은 세상이 두 쪽 나도 절대 안 됩니다. 저는 그렇게 무례하고 염치없는 놈이 아닙니다. 오히려 주님의 발을 매일 밤마다 씻겨달라면 그렇게 하겠습니다."

언젠가 예수가 "세상 사람들이 나를 누구로 생각하느냐?"고 제자들에게 물어보았을 때, 베드로는 "주는 그리스도시요, 살아계신 하나님의 아들"마태복음 16:15-16이라고 고백하여 칭찬을 받았습니다. 심지어 베드로는 변화산에서 거룩한 모습으로 변하셨던 예수를 직접 보기도 했으니, 지금 자신의 발을 씻기려는 예수가 누구신지 누구보다 잘 알고 있었지요. 하나님의 아들 예수 그리스도께서 자신의 더러운 발을 씻기신다는 것은 결코 있을 수 없는 일이었습니다. 오히려 예수가 자신의 발을 씻겨달라고 하셨다면 매일이라도 씻겨드렸을 것입니다. 그것이 스승을 모시는 제자의 올바른 도리이기 때문이지요.

주님의 열두 제자 중에 제일 예의 바른 제자 베드로에게 "베드로야 그래도 너밖에 없구나!"라고 예수가 칭찬하셨을까요? 아닙니다. 오히려 예수는 "베드로야, 내가 너를 씻기지 아니하면 네가 나와 아무 상관이 없다"라고 하셨습니다.

여기 "아무 상관없다"는 것은 참으로 끔찍한 말입니다. 함께 살던 부부가 서로에게 "상관없다"라고 말한다면 이는 이혼을 의미합니다. 부모가 자식에게 "너는 이제 나와 아무 상관없다"라고 한다면, 부모 자식 간의 인연을 끊음을 의미합니다.

"내가 너를 씻기지 아니하면 네가 나와 아무 상관이 없다"는 예수의 말씀에는 복음의 놀라운 비밀이 담겨 있습니다. 베드로는 "사람 낚는 어부가 되게 하겠다"는 말씀을 따라 예수와 3년 동안 함께했습니다. 눈먼 자의 눈이 열리고, 문둥병자가 깨끗함을 받고, 죽은 자가 다시 살아나는 수많은 기적들을 직접 보았습니다. "주는 그리스도시요 살아 계신 하나님의 아들입니다"라는 고백을 통해 교회의 반석이 되리라는 칭찬도 들었습니다. 그런데 예수는 베드로가 큰 죄를 범한 것이 아니고, 그저 발 씻기를 거절하는 예절 바른 베드로에게 관계의 단절이라는 무서운 말씀을 하신 것입니다.

베드로는 스승을 섬기는 제자의 도리를 생각했습니다. 그러나 베드로는 예수가 발을 씻어주시는 일에 담긴 의미를 몰랐던 것입니다. 베드로는 발을 씻기는 하찮은 일만 생각하였지만, 본인이 더러운 발을 소유한 존재임은 몰랐습니다.

바로 여기에 복음의 놀라운 비밀이 숨겨 있습니다. 베드로는 자신이 예수를 잘 섬기고 헌신해야 한다고 생각했습니다. 그러나 지금 베드로에게 부어주시는 예수의 사랑을 받아들이지 않는다면, 베드로가 아무리 예수를 열심히 섬긴다 할지라도 아무 쓸모없다는 것입니다.

이처럼, 오늘 우리에게 필요한 것은 하나님께 드리는 헌신과 섬김이 아니라 우리를 씻기기 위해 찾아오신 하나님의 사랑을 받아 누리는 것입니다. 지금 우리가 하나님께 드릴 수 있는 가장 큰 섬김은 주님께서 우리 발을 씻기시도록 더러운 발을 쭉 내미는 것입니다. 연약하고 허물 많은 영혼과 상처받아 너덜너덜해진 마음을 온전히 씻겨주시도록 주님께 온전히 맡겨드리는 것입니다. 이것이 우리를 향한 하나님의 뜻이기 때문이지요.

우리는 매일 내 발을 씻어주시는 예수를 바라보아야 합니다. 타인의 발을 씻어주려면 무릎을 꿇어야 합니다. 무릎을 꿇고 내 몸을 낮춰야만 상대의 발을 씻어줄 수 있습니다. 전쟁터

내 발을 씻고 계신 예수는
"나는 당신들의 종이요. 내 생명은 당신의 것입니다"
라고 말하는 것과 같습니다.

에서 싸움에 진 장수가 무릎을 꿇습니다. 무릎을 꿇는다는 것은 이제 내 생명이 당신의 것이라는 뜻입니다. 내 발을 씻고 계신 예수는 "나는 당신들의 종이요. 내 생명은 당신의 것입니다"라고 말하는 것과 같습니다.

사실 예수는 제자들의 발을 씻기는 자리에서야 권위를 벗어버린 것이 아닙니다. 하늘의 영광을 버리고 인간의 몸을 입고 이 땅에 오시기로 작정한 그날부터, 이미 모든 위엄과 권위를 다 던져버리셨습니다. 전능자 하나님이 돌봄이 필요한 무기력한 아기로 태어나셨을 때, 하나님의 권위는 더 이상 찾아볼 수 없었습니다.

하나님은 권위를 던져버리셨지만, 콘스탄티누스 황제가 기독교를 국교로 공인한 그날부터 복음이 변질되기 시작했습니다. 박해받던 기독교가 기득권의 종교가 되자, 종교 지도자들이 예수가 버린 권위를 다시 찾기 시작했습니다. 그래야 자신들이 하나님의 대리자로서 백성들 위에 군림할 수 있기 때문입니다.

"나는 어떤 하나님을 믿는가?"라는 질문은 매우 중요합니다. 내가 어떤 하나님을 믿느냐에 따라 은혜와 사랑 안에서 기쁨 충만한 삶을 사느냐, 아니면 그분을 만족시켜드리기 위해 기쁨 없는 신앙의 무거운 짐을 지고 가느냐가 결정되니까요.

우리는 지금까지 "거룩하신 하나님", "높고 높은 하늘 보좌에 앉아 인간의 찬양을 통해 영광을 받으시는 하나님"을 믿어왔습니다. 그리고 거룩한 하나님의 영광을 위해 우리의 몸과 마음을 다 바쳐야 하고, 하나님은 우리가 드린 희생을 통해 영광 받으시는 분이라고 생각해왔습니다.

그러나 복음은 양의 기쁨을 위해 목자가 존재하고, 양을 위해 목자의 목숨을 내어놓는다는 예수의 말씀처럼, 하나님이 나를 섬기시고 돌보시며 나를 위해 존재하는 사랑의 하나님이라고 들려주고 있습니다. 복음은 내가 하나님 앞에 나아가 노력과 희생을 드려 하나님을 만족시키고 하나님께 영광을 돌려야 한다는 무거운 짐을 던져버리라고 외치고 있습니다.

하나님이 하늘 영광을 다 버리시면서까지 왜 이 세상에 오셨을까요? 우리에게 좀더 열심히 믿고, 헌신을 독려하기 위해서 오셨을까요? 만약 우리의 열심과 헌신을 받기 위한 것이라면, 예수는 이 땅에 오실 이유도 십자가 고난을 받으실 필요도 없었습니다. 예수가 오신 것은 오직 내 허물과 연약함을 감당하기 위함입니다.

날마다 넘어지고 또 넘어지는 나의 연약함의 때를 씻기시기 위해 내 앞에 무릎 꿇고 나를 기다리는 예수를 바라보십시오. 사람들에게 고백하기 부끄러운 숨겨진 죄와 아픔들을 부드러운 손길로 어루만지시는 주님께 다 맡겨드리는 것이 지금 우리에게 필요한 전부입니다.

주님은 내 허물의 발을 어루만지시며 네게 이렇게 속삭이십니다.

그래, 안다. 세상 살기가 너무 힘들지? 내가 너와 함께하잖니. 나도 이 세상에 사는 것이 너무 힘들었어. 사람들의 몰이해와 모욕과 조롱을 받고, 채찍을 맞고 십자가에 달리는 것도 내겐 너무 힘든 일이었단다. 나도 고통을 당했기 때문에 네 마음 내가 잘 알지.

'하나님을 위한 나'에서 '나를 위한 하나님'으로 눈을 열 때, 당신에게 자유의 물결이 밀려들 것입니다. 이것이 바로 예수가 우리에게 선물로 주신 복음입니다.

7

나를 섬기시는 하나님의 영광

"오직 은밀한 가운데 있는 하나님의 지혜를 말하는 것으로서 곧 감추어졌던 것
인데 하나님이 우리의 영광을 위하여 만세 전에 미리 정하신 것이라."
고린도전서 2:7

"오직 하나님은 우리의 유익을 위하여 그의 거룩하심에 참여하게 하시느니라."
히브리서 12:10

1907년 한국 장로교 총회에서 채택하여 지금까지 신
앙고백으로 애용되는 웨스트민스터 소요리문답의 제
1문은 "사람의 제일 되는 목적은 하나님을 영화롭게
하고, 하나님을 영원토록 즐거워하는 것"이라고 사람
의 존재 목적이 하나님의 영광이라고 밝히고 있습니
다. 웨스트민스터 소요리문답1648년보다 100년이나 앞
선 칼뱅의 제네바 요리문답1542년 역시 제1문에 "사람
의 제일 되는 목적은 하나님을 영화롭게 하는 것"이

"하나님을 영화롭게 한다"라는 말이 잘못 사용되면
세상에서 가장 무섭고 잔인한 것이 되기도 합니다.

라 강조하고 있습니다.

인간 삶의 첫째 목적이 하나님을 영화롭게 하고, 하나님께 영광이 되어야 한다는 것은 맞는 말입니다. 나는 하나님을 위해 존재하며, 하나님은 내 삶을 통해 영광 받으십니다. 세상에 이보다 더 고귀하고 아름다운 삶의 목적은 없습니다. 그러나 "하나님을 영화롭게 한다"라는 말이 잘못 사용되면 세상에서 가장 무섭고 잔인한 것이 되기도 합니다. "하나님께 영광"이 사람들에게 잘못 이해되면 그들의 삶을 짓누르는 무거운 짐이 되고, 종교 지도자들에게 잘못 사용될 때 사람들을 억압하는 무서운 흉기가 되기 때문입니다.

종교재판을 통해 많은 사람을 화형에 처했던 중세 시대의 잘못들이 바로 "하나님의 영광"이라는 미명 아래 이뤄졌습니다. 예수 당시 이스라엘 백성들을 옥

죄던 율법의 억압들도 하나님의 영광을 위한 것이었습니다.

"하나님의 영광"이란 구호 아래 개인의 가치는 더 이상 존재하지 않았습니다. 하나님의 아들 예수 그리스도, 아니 인간의 몸으로 오신 하나님이 십자가에 달린 이유도 하나님의 영광을 위해서였습니다. 하나님 자신이 하나님의 영광을 위하여 죽임을 당하셨다는 사실은 "하나님의 영광"이란 용어가 얼마나 위험한 요소를 지니고 있는지 잘 보여주고 있습니다.

"하나님의 영광"이란 이름으로 개인의 삶이 희생되고 억압당하던 것은 오래전 역사로 끝난 이야기일까요? 오늘 우리의 신앙에는 이런 위험 요소가 없을까요? 안타깝게도 오늘도 여전히 한국 교회 안에 많은 성도들이 하나님의 영광이라는 거대한 목표 아래 희생을 강요당하고 있고, 하나님의 영광이란 무거운 짐을 지고 기쁨을 상실한 채 살아가고 있습니다.

이렇게 된 이유는, 우리의 삶을 통해 하나님께 영광을 드려야 하는 것은 맞는 말이지만 "무엇이 하나님께 참된 영광인가?"라는 고민이 빠져 있기 때문입니다. 대부분의 신앙인들이 "우리의 예배와 봉사와 희생을 통해 하나님께 영광을 돌린다"라고 믿고 있습니다. 이는 언뜻 일리 있는 말처럼 보이지만, 이보다 더 하나님을 보잘것없는 신으로 만드는 일도 없을 것입니다. 왜냐하면 하나님은 우리의 희생과 섬김을 통해 영광을 취하는 신이 아니기 때문이지요.

하나님은 스스로 충만하신 분이기에 인간들이 채워드려야 하는 부족함도 없고, 우리의 희생도 필요하지 않습니다. 이방의 신들은 인간의 희생과 섬김을 필요로 하지만, 예수는 "나는 인간에게 영광을 취하지 않는다"요한복음 5:41라고 말씀하셨습니다.

사도 바울은 하나님께서 우리의 영광을 위해 만세 전에 미리 정하신 지혜가 "예수"고린도전서 2:7라고 강조하였습니다. 하나님은 당신의 영광을 위해 우리에게 희생을 요구하는 신이 아니라, 오히려 우리의 영광을 위해 하나님 당신을 희생하는 사랑의 신입니다. 기쁨의 소식인 복음은 하나님께서 우리의 영광을 위해 하늘 영광을 다 버리셨다고 강조합니다. 복음은 우리의 섬김을 받는 하나님이 아니라, 오히려 우리를 섬기러 오셨고 우리의 대속물로 자신을 희생하셨다고 말씀합니다. 복음은 내게 섬김을 요구하지 않고, 오히려 십자가에 달려 나의 죄짐을 지신 사랑의 하나님을 보여줍니다.

얼마 전 모 신문사 발행인이 이젠 노년이 되어 오랜만에 동창들과 만난 이야기를 쓴 사설을 읽었습니다. 학창 시절 조회 시간에 쓰러졌는데, 교장 선생님이 다가오시더니 몸이 안 좋은데 뭐 하러 조회에 무리하게 나왔느냐며 "조회보다 네 자신이 더 중요하다"고 하신 말씀이 아직도 마음에 진한 감동으로 남아 있다는 동창의 이야기를 전하고 있었습니다.

저는 이 짧은 신문사설 한 편에서 복음을 보았습니다. 종교는 그들이 만든 제도와 조직을 우선하고, 개인은 조직 앞에 의미를 잃어버립니다. 그러나 하나님은 제도와 조직이 아니라 한 개인을 무엇보다 존중합니다. 한 인간의 가치를 천하보다 소중히 여기시고

인간이 하나님을 위해 존재해야 하는 것이 아니라,
하나님이 우리를 위해 존재하십니다.

그를 위해 자신의 생명을 내어놓는 사랑의 하나님, 이게 바로 복음이 기쁨의 소식인 까닭입니다.

요즘 거대해져가는 교회라는 조직 앞에 성도 개인은 존재하지 않습니다. 성도들이란 교회성장의 한 부품이 되어 효용가치가 떨어지면 버려지는 소모품에 불과합니다. "하나님께 영광"이 역사를 통해 종교 지도자들의 억압과 지배 논리로 사용되어온 것처럼, 오늘도 교회 성장을 위한 도구로 남용되고 있습니다.

종교개혁자 마르틴 루터는 "예수 그리스도와 하나님이 나를 위해 존재하신다는 사실이 하나님 사랑의 가장 위대한 선물이다. 하나님은 자신을 선물로 주신다"라고 했습니다. 내가 하나님을 위해 존재하는 것이 아니라, 하나님이 나를 위해 존재하신다는 사실처럼 놀랍고 복된 소식이 없을 것입니다.

마르틴 루터는 "하나님의 영광"을 다음과 같이 명확하게 설명합니다.

하나님의 깊은 존재는 사랑 외에 어떤 것도 아니다. 사랑은 신적이다. 왜냐하면 사랑은 하나님 자신이기 때문이다. 하나님의 본성은 오직 사랑하는 것이고, 이것이 그분의 영광이다. 그것은 받는 것이 아니라 끊임없이 주는 것이며 감사를 기대치 않는 것이며, 자신에 대한 인간의 태도에 결코 좌우되지 않는 것이다.

그렇습니다. 참된 하나님의 영광은 '하나님을 위한 우리의 희생'이 아니라, 우리를 위해 값없이 부어주시는 하나님의 사랑에 있습니다. 하나님은 어떤 요구와 조건도 없이 끊임없이 주시는 분, 곧 사랑입니다. 끊임없이 주는 것이 하나님의 영광이며, 감사를 기대치 않고 인간의 태도에 결코 좌우되지 않는다는 마르틴 루터의 이 말이 너무 좋습니다.

하나님의 영광이란 우리의 기쁨 없는 희생을 통

해서가 아니라, 우리 삶에 부어주시는 그분의 사랑을 내 안에 받아들여 하나님의 크심이 나를 통해 세상에 드러나게 하는 것입니다. 하나님은 만물 안에서 만물의 존재를 충만히 이루심으로써, 곧 하나님 창조물의 가장 아름다운 완성을 이룸으로써 영광을 받으십니다. 한 송이 장미꽃이 하나님께 가장 큰 영광을 돌릴 때는 언제일까요? 장미꽃의 희생을 통해서가 아니라, 그 누가 봐도 감탄사가 흘러나올 만큼 가장 아름답고 탐스럽게 꽃피웠을 때, 그 꽃을 만드시고 그 생명을 충만케 하신 하나님이 영광 받으십니다.

하나님의 영광은 하나님의 창조물인 내 삶의 충만함 속에서 드러나게 됩니다. 하나님의 영원한 계획에 따라 창조된 내가 어떤 상실됨 없이 온전함을 이룰 때, 나를 향한 하나님의 창조가 완성되며 이것이 바로 하나님께 영광이 되는 것입니다. 그러나 만약 하나님의 작품인 내 안에 상처와 아픔이 가득하고 좌절과 절망으로 무너져 있다면, 하나님은 내가 드리는 그 어떤 예배와 섬김으로도 결코 영광 받지 못합니다.

하나님의 참된 영광을 아는 사람은 내 손에 들린 작디작은 것들을 보지 않습니다. 내 허물에도 불구하고 오늘 내 삶의 승리를 위해 나와 함께하시는 하나님을 기쁨과 감사로 받아들이는 것이 세상에서 가장 큰 하나님의 영광임을 알기 때문입니다.

이제 우리는 '나를 위해 존재하시는 하나님'을 바라보아야 합니다. 나를 위해 당신의 모든 것을 희생하시는 사랑의 하나님을 받아들여야 합니다. 하나님은 나의 희생과 섬김을 요구하지 않으십니다. 오히려 하나님은 오늘 나의 나 됨을 이루기 위하여 내 안에서 나를 섬기시며 나를 이루어가십니다. 하나님은 지금 우리의 기쁨을 위해 하나님 자신의 섬김을 우리가 받아들이길 원하실 뿐입니다. 우리 삶을 위한 하나님의 희생과 섬김으로 내 삶에 기쁨이 충만해질 때, 바로 그 순간 하나님께 가장 큰 영광이 됩니다. 가장 아름답게 피어난 장미꽃처럼 말입니다. 우리는 나 자신이 아름답게 꽃피워야 할 한 송이 장미임을 기억해야 합니다. 이것이 바로 기쁨의 소식, 복음입니다.

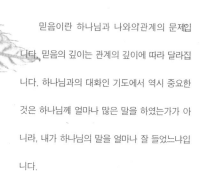

3부
믿음,
하나님의 일

믿음이란 하나님과 나와의 관계의 문제입

니다. 믿음의 깊이는 관계의 깊이에 따라 달라집

니다. 하나님과의 대화인 기도에서 역시 중요한

것은 하나님께 얼마나 많은 말을 하였는가가 아

니라, 내가 하나님의 말을 얼마나 잘 들었느냐입

니다.

8
믿음의 때

"믿음이 오기 전에 우리가 율법 아래 매인 바 되고
계시될 믿음의 때까지 갇혔느니라."
갈라디아서 3:23

제가 살던 강원도 영월 서강 가에 커다란 미루나무가
서 있었습니다. 추운 겨울이 지나고 따스한 봄이 오면
미루나무에도 생명의 기운이 감돌며 땅바닥에 뾰족
한 껍질들이 수북이 쌓입니다. 겨우내 눈보라와 매서
운 추위로부터 새싹들을 보호하기 위해 뒤집어쓰고
있던 껍질들을 벗어버린 것입니다. 껍질을 벗어버린
나뭇가지에는 이제 막 새 세상을 맞이하는 파릇파릇
한 어린 잎사귀들이 바람결에 춤을 추기 시작합니다.

　따듯한 봄이 와서 나무에 생명이 흐르기 시작했는

데, 만약 껍질들이 내가 할 일은 새싹을 보호하는 일이라며 새싹을 붙들고 놓지 않는다면 어떻게 될까요? 그 싹은 새 생명을 보지 못하고 껍질 안에 갇혀 죽고 말 것입니다. 또 두툼한 껍질 덕분에 지금까지 추위에 죽지 않고 살아왔다며 새싹들이 껍질 안에 계속 머물러 있으려 한다면, 그 새싹 역시 새 생명을 피워보지 못하고 말라죽고 말 것입니다. 미루나무 아래에는 빈 껍질만 있는 것이 아니라 벗겨지지 않은 껍질과 함께 떨어져 말라버린 새싹들도 종종 볼 수 있습니다.

새 생명이 피어나는 봄이 오면 지금까지 나를 보호하고 있던 껍질을 벗어버려야 합니다. 지금까지 나를 보호해주던 내 생명처럼 소중한 존재였다 할지라도, 과감히 그 껍질을 벗어버려야 새 생명으로 피어날 수 있기 때문입니다.

사도 바울은 "믿음이 오기 전에 우리가 율법 아래 매인 바 되고 계시될 믿음의 때까지 갇혔다" 갈라디아서 3:23라며 "믿음의 때"를 이야기합니다. 바울은 지금까지는 율법 아래 매여 있던 "율법의 때"였지만, 이제는

"믿음의 때"가 되었다고 강조하고 있습니다.

율법은 겨울나무의 새싹들을 폭설과 추위로부터 보호해주던 껍질과도 같습니다. 껍질이 새싹을 안전하게 지켜주었듯이, 믿음의 때가 오기 전까지는 율법이 우리를 안전하게 지켜주었습니다. 우리는 율법을 통해 해야 할 것과 하지 말아야 할 것에 대한 규범들을 제시받았습니다. 그 규범들을 통해 우리 자신을 죄로부터 안전히 지킬 수 있었습니다. 그러나 이제 종교적 의무와 금지로 가득한 율법의 때가 지나고 자유와 생명으로 가득한 믿음의 때가 왔습니다.

믿음의 때에는 지금까지 나를 보호해주던 율법의 껍질을 벗어버려야 내 안에 숨겨져 있던 생명의 꽃을 활짝 피울 수 있습니다. 내가 푸른 생명으로 피어나기 위해서는 종교라는 껍질을 벗고 믿음의 새 옷으로 갈아입어야 합니다. 내 삶에 기쁨의 꽃이 가득 피어나고 행복의 풍성한 열매를 맺는 것은, 율법과 종교의 껍질을 벗어버릴 때에만 가능합니다.

봄이 왔음에도 껍질 안에 거하려 한다면 생명을

잃게 되는 새싹처럼, 만약 믿음의 때임에도 불구하고 율법 안에서 보호받으려 한다면 그는 하나님 앞에 폐기된 율법과 함께 생명을 잃고 말 것입니다.

그러나 오늘 많은 하나님의 자녀들이 이미 폐기된 율법 아래 매여 있음을 보게 됩니다. 생명을 줄 수 없는 율법의 무거운 짐을 지고 고통스러워하는 하나님의 자녀들이 너무 많습니다. 종교적 행위로 가득한 율법이 자신들을 행복으로 인도하리라 기대하지만, 율법의 짐은 우리를 열심과 헌신이라는 점점 더 무거운 고통으로 인도한다는 것을 깨닫지 못합니다.

열심을 다해 하나님을 섬기고 교회 일에 헌신하지만 내 영혼에 기쁨과 평화가 없다면, 지금 나는 율법과 믿음 중 어느 때에 머물고 있는지 돌아보아야 합니다. 봄이 오면 저절로 나무에 물이 오르고 꽃이 피듯, 믿음의 때가 오면 내 영혼에 생명이 넘쳐흐르는 것을 그 누구도 막을 수 없습니다. 봄이 오면 나무마다 꽃이 피고 파란 잎사귀가 춤을 추듯이, '믿음의 봄'이 오면 우리 영혼 안에 기쁨의 꽃이 피고, 평화의 푸

봄이 오면 저절로 나무에 물이 오르고 꽃이 피듯,
믿음의 때가 오면 내 영혼에 생명이 넘쳐흐르는 것을
그 누구도 막을 수 없습니다.

른 잎사귀들이 춤을 추게 됩니다. 복음은 내 안에 생명을 피우는 봄소식이기 때문입니다.

바울은 믿음의 봄소식이 들려오기 전까지 우리가 율법의 추운 겨울 아래 매이고 갇혀 있었다고 강조했습니다. 오늘도 많은 이들이 하나님의 이름 아래 열심과 헌신이라는 추운 겨울에 머물러 있습니다. 만약 내가 지금 하나님께 드려야 할 많은 일들과 하지 말아야 할 종교적 규범에 의해 하나님과 관계를 맺고 있다면 나는 아직도 율법의 춥고 어둔 겨울에 갇혀 있는 죄인에 불과합니다. 예배와 기도와 헌신과 봉사와 열심이 하나님께 인정받고자 어쩔 수 없이 행하는 것이라면, 그 모든 것들은 나를 가두고 있는 무거운 짐에 불과합니다.

미국의 남북 전쟁 때 노예 해방의 소식이 전해졌으나 노예제도를 고집하는 남부에는 늦게까지 해방의 소식이 전달되지 않은 곳이 많았습니다. 심지어 노예제도가 사라졌다는 자유의 소식을 들었음에도 자유의 소식을 사실로 받아들이지 못해서 노예의 비참한 삶을 계속 살아간 흑인들이 많았다고 합니다.

오늘 복음의 놀라운 봄소식이 전해졌습니다. 우리에게 열심과 헌신이라는 무거운 짐을 지우던 모든 종교의 틀로부터 자유롭게 되었다는 소식입니다. 자유의 복음이 들려오자 용기 있는 사람들은 그 소식을 자신의 것으로 받아들이고 이제까지 얽매였던 율법적이고 종교적인 노예생활로부터 벗어나 자유를 누리게 되었습니다.

워싱턴 링컨 기념관 옆에 있는 한국전 참전 기념동산에 "FREEDOM IS NOT FREE"라는 커다란 글씨가 새겨져 있습니다. 이곳엔 6.25전쟁에서 살아남은 사람들의 부조를 비롯하여 참전한 국가, 참전한 사람, 죽은 사람, 실종자, 포로 등의 숫자가 나열되어 있습니다. 오늘 대한민국이 누리는 자유는 결코 공짜가 아닙니다. 미국을 비롯한 많은 참전국 군인들의 희생을 통해 얻어진 것입니다.

하나님이 우리에게 자유를 주셨습니다. 그런데 그 자유는 결코 공짜가 아닙니다. 나의 자유를 위해 하나님의 어린 양 예수 그리스도가 십자가에 달려 죽으셨기 때문입니다. 오늘 우리가 선물로 받은 자유는 예수 그리스도의 희생을 통해 얻어진 것입니다.

많은 이들이 자유를 너무 강조하면 방종해지지 않을까 염려합니다. 그래서 또 다른 종교적 규범으로 하나님의 자녀들을 가두려 합니다. 그러나 열심과 헌신의 이름으로 포장한 종교적 행위로 하나님 앞에 나아가게 하는 것은 예수 그리스도의 희생을 헛되게 하는 더 큰 잘못입니다. 하나님의 가장 큰 비밀인 예수 그리스도를 부인하는 것과 같기 때문입니다.

스티븐 스필버그가 감독하고 톰 행크스가 주연한 〈라이언 일병 구하기〉라는 유명한 영화가 있습니다. 1944년 노르망디 상륙 작전의 치열한 전투를 치른 밀러 대위와 그의 대원들에게 새로운 임무가 주어집니다. 삼형제가 전사하고 유일하게 생존한 막내 라이언 일병을 적진에서 구출해 오라는 것이었습니다. 한 명의 생명을 구하기 위해 여덟 명이 위험을 감수하는 것이 과연 그럴 만한 가치가 있는지 물으며 대원들은 끊임없는 혼란에 빠집니다. 마침내 극적으로 라이언 일병을 찾아내지만, 라이언은 다리를 지켜야 하는 동료들을 적진에 남겨두고 혼자 돌아가는 것을 거부합니다. 다리를 지키기 위한 독일군과의 치열한 전투에서 부상당한 밀러 대위는 라이언 일병에게 "잘 살아야 돼" 하는 간절한 당부를 남기고 전쟁터에서 숨을 거둡니다.

영화는 밀러 대위가 숨을 거두는 장면에서 시간이 흘러 이제 노년이 된 라이언 일병이 밀러 대위가 안장된 국립묘지를 찾는 화면으로 바뀝니다. 라이언 일병은 밀러 대위의 묘지 앞에서 "다리 위에서 하신 말씀을 매일 생각했죠. 최대한 잘 살려고 노력했고, 그런대로 잘 살았습니다. 최소한 대위님 눈에 대위님의 희생이 헛되지 않아 보였기를 바랍니다"라고 고백합니다.

나는 이 영화에서 내 대신 십자가에 못 박혀 돌아가시며 내게 "잘 살아야 돼"라고 당부하시는 예수를 보았습니다. 예수는 내가 너를 위해 이렇게 희생했으니 더 열심히 믿어야 한다고 말하지도, 더 많은 헌신을 강요하지도 않았습니다. 예수는 그분의 희생을 통해 우리가 잘 살기를 바라셨습니다. 잘 산다는 것은 부요하고 사회적으로 출세한 삶을 이야기하는 것이 아니라, 그분의 희생을 통해 얻어진 참 자유 안에 기쁜 마음으로 하나님과 더불어 동행하는 삶을 말합니다. 우리의 자유를 위한 그분의 희생이 얼마나 큰 아픔인지 아는 사람이라면, 결코 자유를 방종으로 헛되게 하지 않고, 그분의 희생이 더욱 값진 열매 맺는 삶을 살 것입니다.

사도 바울은 "의롭다 하신 이는 하나님이시니 누가 정죄하리요"로마서 8:33-34라며 우리의 허물과 연약함에도 불구하고 우리에게 모든 율법과 종교적 틀에서 자유를 주신 이가 하나님이라고 강조하고 있습니다.

　우리는 자신의 허물과 숨겨진 죄를 그 누구보다 잘 알고 있는 양심의 속삭임에 민감하게 반응합니다. 종종 사탄은 하나님께 은혜를 받기 위해서는 그에 마땅한 대가를 지불해야 한다며 양심을 통해 속삭입니다. 사탄은 그 속삭임으로 하나님의 크신 사랑에 눈 감고 나 자신의 허물만을 보게 합니다. 그러나 사도 바울은 양심의 속삭임에 귀를 닫고, "너는 하나님의 의로운 자녀"라고 외치시는 하나님의 선포에 귀를 열라고 강조합니다.

　믿음의 때를 살아가는 우리는 이미 예수 그리스도 안에서 하나님께 의로운 자가 되었습니다. 나를 의롭다 하신 이는 하나님이십니다. 세상 그 누구도, 심지어 내 양심도 나를 허물 많고 부족한 죄인이라고 정

세상 그 누구도, 심지어 내 양심도
나를 허물 많고 부족한 죄인이라고 정죄할 수 없습니다.

죄할 수 없습니다. 숨겨진 죄가 아무리 크다 할지라도, 그로 인한 죄책감이 우리 안에 존재할 수 없는 이유입니다.

"오호라 나는 비참한 자"라고 절망하던 바울이 그리스도 안에 있는 자에게 결코 정죄함이 없다고 분연히 일어나 희망의 노래를 불렀던 것처럼, 우리가 더 열심히 헌신하고 종교적으로 더 거룩해진 다음에야 하나님께 의로운 자녀가 되는 것이 아닙니다. 허물 많고 부족함투성이인 모습이지만, 그리스도 예수 안에서 하나님은 나를 하나님의 의로운 자녀로 바라보고 계십니다. 이것이 바로 믿음의 때에 우리가 누려야 할 봄소식, 복음입니다. 지금은 기쁨과 행복의 꽃이 만발하는 믿음의 봄입니다.

9
하나님의 일

"저희가 묻되 우리가 어떻게 하여야 하나님의 일을 하오리이까 예수께서 대답하여 가라사대
하나님의 보내신 자를 믿는 것이 하나님의 일이니라 하시니."
요한복음 6:28-29

'봉양'奉養과 '양지'諒知라는 한자어가 있습니다. 봉양은 부모를 받들어 모신다는 의미이고, 양지는 뜻을 헤아려 안다는 의미로 사용됩니다. 오늘 우리의 신앙을 이 두 단어에 견주어본다면, 우리는 하나님의 뜻을 헤아려 알기보다는 하나님을 예배하고 봉사하는 봉양에 더 가까울 것입니다.

호세아 선지자는 하나님은 "번제보다 하나님을 아는 것을 원한다"호세아 6:6라며 하나님께 드리는 예배와 헌신보다 하나님을 깊이 아는 것이 더욱 중요함을 강조하고 있습니다.

바리새인들이 예수께 어떻게 하면 하나님의 일을 할 수 있

는지 물었습니다. 그러나 예수는 전혀 엉뚱한 대답을 하셨습니다. 우리가 해야 할 하나님의 일은 더 많은 헌신과 봉사가 아니며, 하나님의 보내신 자를 믿는 것이라고요. 바리새인들은 하나님과의 관계를 일의 차원에서만 바라봅니다. 바리새인만이 아닙니다. 우리 역시 하나님과의 관계를 예배와 헌신과 열심이라는 외적인 행동에 제한하고 있습니다. 그러나 오늘 예수는 하나님이 기뻐하시는 진짜 하나님의 일이란 외적 행위가 아니라 예수를 아는 것, 곧 예수가 내 삶에 무슨 의미인지 바로 아는 것이라고 강조하셨습니다.

하늘과 땅과 온 생명을 만드신 하나님이요, 종살이하던 이스라엘 백성을 애굽으로부터 구해내신 하나님입니다. 온 우주 만물을 다스리시는 하나님이지만, 하나님께서 이루신 일 중에 가장 위대하고 어려운 일이 있었습니다. 이 일을 위해 하나님은 오랜 시간을 기다리셨고, 엄청난 모험을 하셨습니다. 인간을 향한 하나님의 사랑은 이 한 가지 일에 모두 집약되어 있습니다.

만유의 주이신 하나님께서 연약한 인간의 몸을 입고 이 땅에 오시는 일이었습니다. 하나님의 성육신 사건은 그저 인간이 되었다는 것에 그치지 않습니다. 하나님이 인간이 되는 것은 쉽지 않은 일이었습니다. 하나님께서 하늘의 영광을 버리고 인간이라는 제한된 몸을 입는 연약함은 물론이요 조롱과 멸시를 받고 온몸을 갈기갈기 찢기며 십자가에 달려 죽으셔야 했기 때문입니다. 그러나 그 방법만이 인간의 구원을 완성하는 길이었기에 사랑의 하나님은 스스로 하늘에서 이 땅에 내려오는 엄청난 모험을 감행하셨습니다. "하나님의 보내신 자를 믿는 것이 하나님의 일"이라는 예수의 대답에는 이런 깊은 뜻이 담겨 있습니다.

그렇다면 하나님의 보내신 자 예수를 믿는다는 것은 무엇일까요? 예수를 믿는다는 것은 그저 "예수 천당, 불신 지옥" 정도의 구호를 외치는 것이나, 기도 말미에 "예수님의 이름으로 기도합니다"를 말함을 의미하는 것은 아닙니다. 예배 중에 사도신경을 고백하는 것도 예수를 믿는 것의 전부는 아닐 것입니다. 예수를 믿는다는 것은 하나님이 왜 예수를 이 세상에 보내셔야만 했고, 하나님이 예수를 통해 우리에게 이뤄주신 일들이 무엇인지 헤아려 아는 것을 포함하며, 이것이 곧 가장 중요한 하나님의 일입니다.

인간이 스스로 무언가를 하는 것은 쉽습니다. 그러나 아무것도 하지 않고 그저 믿는 것은 더 어렵습니다. 우리에겐 무언가 스스로 행하여 자신을 증명하며 느끼는 자기만족이 중요하기 때문입니다. 바리새인들이 기도와 금식 등의 다양한 종교적 행위들을 통해 자신의 믿음을 증명했듯이, 많은 그리스도인들도 예배와 교회봉사 등의 일을 통해 자신의 믿음을 증명하고자 합니다. 헌신과 봉사가 곧 그리스도인 됨의 표징이라 생각하며 그것이 하나님께서 원하시는 일이라고 오해하는 것이지요.

보통 '알다, 보다'는 뜻으로 사용되는 영어 단어 "see"는 '바라보다, 관찰하다, 만나보다, 찾다, 경험하다, 인정하다, 발견하다, 깨닫다, 이해하다, 알다, 살펴보다, 조사하다, 상상하다. 생각해보다, 마음 쓰다, 배려하다' 등 아주 다양한 뜻으로 사용됩니다. 여기서 '안다'는 말의 깊은 의미를 발견하게 됩니다. 안다는

'안다'는 것은 '지식적인 단어'가 아니라
'관계적인 단어'입니다.

것은 그저 피상적인 지식을 의미하는 것이 아니라, 한 사건과 사물에 대해 '바라보고, 만나보고, 찾고, 경험하고, 조사하고, 이해하고, 상상의 눈으로 살펴보고, 마음 쓰고 배려'해본 후에야 알았다고 이야기할 수 있는 것입니다. 결국 '안다'는 것은 '지식적인 단어'가 아니라 '관계적인 단어'입니다.

믿음이란 하나님과 나와의 '관계의 문제'입니다. 믿음의 깊이는 관계의 깊이에 따라 달라집니다. 두 사람의 관계에서 대화가 제대로 이루어지려면 내가 무슨 말을 했는가보다, 내가 무슨 말을 들었는지가 더욱 중요합니다. 하나님과의 대화인 기도에서 역시 중요한 것은 내가 하나님께 얼마나 많은 말을 하였는가가 아니라, 내가 하나님의 말을 얼마나 잘 들었느냐입니다. 많은 사람들이 기도한다고 하지만 "주십시오" 하며 자신의 필요만을 나열할 뿐 고요히 머물러 하나님의 말을 들으려 하지 않습니다. 참된 신앙 역시 내가 하나님께 얼마나 많은 헌신과 봉사를 하였는지가 아니라 나를 향한 하나님의 뜻을 얼마나 이해하고 그분의 사랑을 받아들였는지입니다.

여자 하인을 사랑한 주인이 마침내 그녀와 결혼을 했습니다. 하녀에서 주인의 아내가 되었지만, 이 여인은 결혼하기 전에 주인을 기쁘게 하기 위해 열심히 무언가를 했던 것처럼 늘 바빴습니다. 집 안에 남편과 함께 있을 때에도 남편 곁에 머물러 있기보다 그를 위한 일을 하기 위해 언제나 분주했습니다. 남편은 아내와 함께 있음에도 불구하고, 자신 곁에 잠시도 가만히 있지 못하는 여인으로 인해 행복함을 느끼지 못했습니다. 아내는 역시 남편을 위해 해야 할 많은 일들로 인해 항상 지치고 피곤했습니다. 주인에게 사랑을 입어 종에서 자유인이 되었고 주인의 아내가 되었지만, 아직도 그녀의 마음은 주인을 기쁘게 하기 위해 일을 해야 했던 종의 입장에 머물러 있었던 것입니다. 아내는 자신과 함께 머물기를 원하는 남편의 사랑을 아직 이해하지 못했기 때문입니다. 어느 날 남편이 아내의 손을 잡고 조용히 이야기했습니다.

"여보, 사랑해요. 내가 당신을 사랑하는 것은 당신이 나를 위해 해주는 일들 때문이 아니에요. 날 위한 수고 때문에 당신을 사랑하는 것이 아니라, 나는 당신과 함께 있는 것이 기쁘고, 당신을 바라보는 것만으로 행복해요."

남편의 고백을 듣고서야 여인은 자신을 향한 남편의 사랑을 이해하게 되었습니다. 남편은 자기가 남편에게 해준 일 때문만이 아니라, 그녀의 존재 자체를 소중히 여기고 있다는 사실을 그제야 깨달은 것입니다.

우리의 신랑 되신 예수는 내가 예수께 드린 예배와 헌신과 섬김 때문에 나를 기뻐하는 것이 아닙니다. 예수는 내 존재 자체를 기뻐하십니다. 이미 예수는 자신의 목숨을 십자가에 걸기까지 나를 향한 사랑을 증명해 보여주었습니다. 참 사랑은 선물을 요구하지도, 변화를 조건으로 제시하지 않습니다. 참 사랑은 언제나 상대의 있는 모습 그대로의 존재 자체를 기뻐할 뿐입니다. 나를 당신의 신부로 택하신 하나님은 내가 그분 안에서 그분의 사랑으로 기뻐하고 행복한 삶을 살기를 간절히 원하십니다.

그리스도인 됨을 구별하는 척도는 열심과 헌신이 아니라, 하나님 안에서 하나님과 더불어 누리는 기쁨과 평화입니다. 열심과 헌신이 그리스도인 됨의 척도라면 참 신앙과 거리가 있는 이단일수록 열심이 극진하다는 것은 어떻게 설명할 수 있을까요. 그들은 자신의 잘못된 믿음을 전하기 위해 가정과 직장을 버리기 일쑤입니다. 그렇게 하는 것이 모든 것을 버리고 주를 따르는 길이라 오해하는 것이지요.

하나님의 나라는 하나님을 위한 일이 아니라 주 안의 기쁨과 평화입니다. 열심과 헌신이 참 신앙을 재는 척도가 결코 아닙니다. 많은 그리스도인들이 하나님을 부담스러워하는 이유는 하나님과의 관계를 일로 생각하기 때문입니다. 하나님께 많은 것을 드려야만 하나님이 기뻐하신다 생각하기 때문입니다. 하나님께 드린 것이 없고 헌신과 열심히 부족할 때, 하나님이 나

종교인은 하나님께 점수 따기 위해 예배드리고,
그리스도인은 주신 은혜에 감사해서 예배를 드리는 것입니다.

를 책망하고 꾸짖으신다고 생각하기 때문입니다.

이제 교회 안에 들어와 있는 사탄을 몰아내야 합니다. 사탄은 예수를 부인하지는 않습니다. 사탄은 예수가 우리에게 선물한 기쁨의 소식 복음을 제대로 보지 못하게 함으로써, 우리 영혼에 무거운 짐을 지우고 기쁨을 빼앗아갑니다.

유대 율법적 종교인들도 하나님께 예배드리고 기도하고 찬양합니다. 복음의 기초 위에 선 그리스도인들도 예배를 드리고 기도하고 찬양합니다. 그러나 그 동기는 전혀 다릅니다. 율법적 종교인은 하나님께 용서받고 심판을 피하고 인정받고 복 받기 위해 예배를 드립니다. 그러나 복음 안의 그리스도인들은 나의 연약함과 허물에도 불구하고 나를 사랑하시고, 나를 하나님의 자녀로 삼아주시고, 내게 날마다 넘치는 구원의 선물을 주신 것이 감사하고 기뻐서 그 사랑의 하나님과 친밀한 교제와 나눔을 갖는 시간이 곧 예배와 찬양입니다. 종교인은 하나님께 점수 따기 위해 예배드리고, 그리스도인은 주신 은혜에 감사해서 예배를 드리는 것입니다.

그리스도인이란 교회에 나가 예배하고 찬양하는 사람을 말하는 것이 아닙니다. 내 마음에 하나님의 은혜에 대한 감사와 기쁨이 가득하여 하나님의 보내심을 받은 분 예수 그리스도를 통해 내 안에 이루신 하나님의 놀라운 은혜와 선물들에 감사하는 사람입니다.

우리가 해야 할 하나님의 일은 어떤 종교적 의무와 책임이 아니라, 먼저 하나님이 예수 그리스도를 통해 나를 위해 이루신 일이 무엇인지 아는 것입니다. 아브라함과 이삭과 야곱 등 믿음의 선배들과 하나님과의 관계에서 공통된 특징은 그들이 하나님을 위해 많은 일을 한 것이 아닙니다. 그들은 반복되는 허물에도 불구하고 늘 하나님을 바라보고 의뢰하였다는 것입니다.

바리새인들은 하나님을 위한 일을 찾습니다, 그러나 예수는 나를 하나님을 위한 일로부터 해방시켜주셨습니다. 나의 아픔과 연약함을 대신 지시고 내게 자유와 소망, 기쁨과 평화를 주시고, 늘 내 삶에 함께하사 나로 승리케 하시는 하나님을 받아들이는 것, 이것이 곧 하나님의 일이며 하나님을 기쁘시게 하고 그를 가장 영화롭게 하는 것입니다.

복음은 하나님을 위한 구속과 억압이 아니라 예수 안에 넘치는 자유의 기쁜 소식입니다. 하나님을 위한 일은 나를 위해 오신 예수를 바로 아는 것입니다.

10
어린 양을 바라보라

"보라, 세상 죄를 지고 가는 하나님의 어린 양이로다."
요한복음 1:29

주일 아침 교회에서 드려지는 예배 순서엔 어김없이 "참회와 사죄의 시간"이 있습니다. 지난 한 주간을 돌아보며 나의 부족함과 허물들을 하나님 앞에 고백하고 용서받는 시간입니다. 하나님 앞에 우리의 죄를 고백하는 것은 너무도 마땅한 일입니다. 그러나 예배 시간마다 자신의 죄를 먼저 돌아보게 됨으로써, 하나님을 우리의 잘못을 계산하는 분으로 인식하게 됩니다. 하나님 앞에 나가려면 먼저 내 잘못을 계산해야 한다고 습관적으로 생각하게 되는 것이지요.

하나님을 우리의 허물을 계산하는 분으로 인식하면, 그분의 은혜와 사랑에 대한 감사와 기쁨보다는 내 허물과 고백하지 않은 숨은 죄들이 먼저 떠오르게 됩니다. 하나님을 내 행위의 판단자로 생각하면 하나님은 늘 부담스러운 존재가 됩니다. 그래서 하나님 앞에 나아갈 때마다 내 행위들을 스스로 계산하게 됩니다.

"지난 한 주간의 잘못을 용서하시고"로 시작하는 주일 예배 장로님들의 대표기도 역시 모든 교회가 틀에 박힌 듯 똑같습니다. 하나님 앞에 나아가기 위해선 내가 먼저 스스로를 저울질하고 계산해야 한다는 것이지요.

우리의 연약함과 허물에도 불구하고, 지난 한 주간 우리를 눈동자와 같이 지켜주신 하나님의 크신 사랑과 은혜에 대한 감사와 감격은 찾아보기 힘듭니다. 이렇게 부족한 우리를 당신의 자녀로 삼아주시고 예배라는 하늘 잔치에 초대해주신 데 대한 기쁨보다는, 그저 하나님께 잘못을 습관적으로 아뢰는 역동성 없는 신앙 형태로 전락하게 된 것입니다.

우리는 하나님 앞에서 참회를 당연히 여기면서, 우리의 허물과 죄보다 더 큰 하나님의 사랑과 은혜에 대한 감사를 놓치는 잘못을 범하고 있습니다. 하나님은 우리를 은혜의 바다로 초대하셨는데, 우리는 그 입구에 서서 벌벌 떨며 하나님은 우리를 잘못을 계산하는 속 좁은 신이라고 손가락질하는 꼴입니다.

세례 요한은 세례를 받기 위해 나오는 예수를 향해 "보라, 세상 죄를 지고 가는 하나님의 어린 양이로다"라고 외쳤습니다. "세상 죄를 지고 가는 하나님의 어린 양을 바라보라!"라는 세례 요한의 고백 속에 복음의 모든 비밀이 담겨 있습니다.

우리의 믿음은 나를 바라보는 것이 아닙니다. 오늘 내가 하나님께 무엇을 드렸는지 내 손에 들린 선물을 바라보는 것도 아닙니다. 우리 신앙의 핵심은 세상 죄를 지고 가신 하나님의 어린 양 예수를 매일 매 순간 바라보는 것입니다. 나를 위해 이 땅에 오셔서 내 허물과 연약함의 짐을 대신 지고 가신 하나님의 어린 양 예수를 바라보는 것이 바로 우리의 참된 믿음이요, 기쁨의 소식 복음입니다.

예수가 우리에게 오시기 전인 구약시대에는 하나님께 제사를 드릴 때 우리의 허물을 먼저 계산해야 했습니다, 그러나 복음은 나를 바라보는 것이 아닙니다. 하나님이 나를 위해 이루어 놓으신 놀라운 일을 바라보며 그 은혜에 감사와 기쁨으로 나아가는 것입니다.

어린 양 예수를 우리에게 보내주신 하나님은 우리가 오직 예수만을 바라보기를 원하십니다. 하나님은 우리 손에 들린 '예배, 찬양, 섬김, 봉사'라는 보잘것없는 선물을 보시지 않습니다. 그분은 오직 내가 붙들고 나아가는 당신의 아들 예수만을 바라보실 뿐입니다.

"보라, 세상 죄를 지고 가는 하나님의 어린 양이로다"라는 세례 요한의 외침이 하나님의 은혜를 사모하는 모든 이의 가슴에 크게 들려야 합니다. 복음은 내가 하나님께 드린 그 무엇이 아니라, 나를 위해 이루신 하나님의 사랑이기 때문입니다.

"세상 죄를 지신 하나님의 어린 양"이란 말처럼 우리에게 큰 위로도 없습니다. 하나님의 어린 양 예수는 세상 죄를 지고 가시기 위해 이 세상에 오셨습니다. 하나님의 어린 양 예수가 지신 세상 죄는 바로 나의 죄입니다. 하나님의 어린 양 예수는 내 죄를 지고 가시기 위해 내게 오셨고, 내 삶 속에 늘 함께하십니다. 나의 죄 짐을 지셨다는 것은 나를 아신다는 뜻입니다.

예수는 나의 이름을 아십니다. 예수는 나의 모든 것을 아십니다. 예수가 나를 아신다는 것은 피상적인 앎을 뜻하지 않습니다. 내가 나를 아는 것보다 더 깊이 아는 공감자로서의 앎을 의미합니다. 예수는 나의 아픔과 슬픔뿐 아니라, 나의 외로움과 부끄러움, 수치와 연약함, 허물과 넘어짐을 아십니다. 예수가 나를 아심은 나를 판단하고 정죄하기 위한 앎이 아니라, 나의 죄 짐을 대신 지시고 정결케 하시기 위한 앎입니다.

하나님의 어린 양 예수가 나의 죄짐을 지고 가셨다는 것은

예수는 나의 아픔과 슬픔뿐 아니라,
나의 외로움과 부끄러움, 수치와 연약함,
허물과 넘어짐을 아십니다.

그분이 나를 알고, 나를 이해하고, 내 아픔에 공감하며, 내 허물과 연약함을 모두 담당하셨다는 것을 의미합니다. 예수가 나의 죄 짐을 지셨다는 것은 이제 내가 하나님께 용납되었고, 하나님이 나를 당신의 사랑스런 자녀로 인정하셨다는 뜻이며, 내가 주님 앞에 맑게 씻겼고 완전케 되었으며, 이제 그분의 기쁨이 되었음을 이야기하는 것입니다.

참 사랑은 단순한 '앎'의 차원을 넘어섭니다. 사랑은 '공감' 곧 '하나가 되는 마음'입니다. 둘이 하나가 되기 위해서는 '나' 안에 머물러서는 안 됩니다. '나'에게서 떠나 '너'와 하나가 되어야 합니다. 하나님은 하나님 자신에게서 떠나 나에게 오셨고 나와 하나가 되셨습니다. 하나님은 내 아픔을 당신의 아픔으로 아파하셨습니다. 하나님은 내 슬픔을 당신의 슬픔으로 슬퍼하셨으며, 하나님은 내 죄악을 당신의 죄악으로 괴로워하셨습니다. 또한 내 수치와 고통과 허물을 당신의 수치와 고통과 허물로 여기셨습니다. 그래서 하나님은 내 아픔과 슬픔과 모든 허물을 자신의 허물로 지고 골고다 언덕을 힘겹게 오르신 것입니다.

성육신, 곧 하나님의 육화 사건은 하나님이
바로 내가 되었다는 놀라운 사랑의 선포입니다.

하나님 당신이 채찍에 맞을 때 내 슬픔의 옷이 벗겨졌고, 하나님 당신이 골고다 언덕을 오르며 흘리신 핏방울이 내 곪은 상처를 낫게 하였습니다. 하나님 당신이 수치와 조롱을 받을 때 내 수치가 변하여 기쁨이 되었고, 하나님 당신이 십자가에 못 박히실 때 내 모든 죄악이 용서받았습니다.

성육신, 곧 하나님의 육화 사건은 하나님이 바로 내가 되었다는 놀라운 사랑의 선포입니다. 내가 되기 위해 하늘에서 내려오신 하나님은 더 이상 내 허물을 판단하지 않으십니다. 하나님은 내 잘못과 허물을 계산하고 저울질하는 분이 아닙니다. 판단자로서의 하나님이 아니라 이해와 공감자로서의 사랑의 하나님을 의미합니다.

기쁨의 소식, 복음은 나의 부족함을 계산하는 것이 아닙니다. 복음은 하나님의 어린 양 예수를 바라보는 것입니다. 복음은 내게 오시고 나의 모든 것을 담당하신 하나님의 어린 양 예수를 바라보는 것입니다.

하나님은 오늘 세례 요한의 입을 통해 우리에게 외치십니다. "보라, 너의 죄 짐을 지고 가는 하나님의 어린 양을 바라보라!"

4부
십자가,
유일한 자랑

하나님께서 고통과 눈물로 가장 힘겹게 이루신 일은 바로 인간 예수의 몸을
입고 이 땅에 오셔서 우리의 죄 짐을 지신 것입니다. 이것이 바로 하나님이 예수
의 옷만을 기뻐하시는 이유입니다. 하나님은 예수 그리스도 안에서 나를 받아들
이시기 때문에 나의 가치는 예수 그리스도의 십자가에 있습니다.

11
한 뿌리 두 나무

"이제 그리스도 예수 안에 있는 자에게는 결코 정죄함이 없나니."
로마서 8:1

10여 년 전, 강원도 영월군 서강 가에 자리를 잡으며 몇 그루의 나무를 심었습니다. 그중에 제가 좋아하는 앵두나무도 있습니다. 앵두는 다른 과실수들과는 달리 병충해가 없어 좋습니다. 탐스럽지는 않지만 구슬처럼 동글동글한 빨간 열매가 제 눈과 마음을 행복하게 해줍니다. 어릴 적 저희 집 마당에 빨간 앵두가 제 입맛을 즐겁게 해주던 기억이 남아 있습니다. 다른 나무들보다 앵두나무가 더 정겨운 것은 이런한 향수 때문이겠지요.

어느 날, 앵두나무 기둥을 헤집고 다른 나뭇가지가 삐죽이 올라오고 있었습니다. 자세히 보니 복숭아나무였습니다. 나는 복숭아나무를 심은 적이 없는데 앵두나무와 한 뿌리에서 동시에 자라고 있는 것입니다! 내가 심은 앵두나무는 복숭아나무 줄기를 잘라내고, 복숭아나무 뿌리에 앵두나무를 접붙인 것이었습니다. 보나마나 열매가 실하지 못한 개복숭아가 분명하리라 싶어 복숭아 나뭇가지를 가차 없이 잘라버렸습니다. 그런데 참 대단한 녀석이었습니다. 잠시 한눈을 파노라면 어느 틈에 앵두나무보다 더 큰 가지를 만들어놓았거든요.

자르고 또 잘라도 복숭아나무는 포기하지 않고 새 가지를 밀어 올렸습니다. 복숭아나무는 내게 자신의 존재를 인정해달라고 간절히 요청하는 것만 같았습니다. 이제는 그 존재를 인정해야 할 것 같았습니다. 살고자 하는 애절함이 저토록 간절하니 더 이상 야박하게 그 생의 의지를 나 몰라라 할 수 없었습니다. 앵두나무를 사왔으니 앵두나무만 인정하였으나, 그 나무 안에는 앵두나무뿐 아니라 복숭아나무도 함께 존재하고 있었던 것입니다.

예수를 믿고 하나님의 자녀가 된 이후
우리는 더 많은 전쟁을 겪습니다.

　수년간 잘리기를 반복해왔던 복숭아나무는 자신의 존재를 인정받은 짧은 몇 년 사이에 앵두나무와 비교할 수 없을 만큼 크게 자랐습니다. 이렇게 빨리 자랄 수 있던 것은, 가지가 수없이 잘리는 동안에도 뿌리를 튼튼히 키워왔기 때문입니다. 이제 아래쪽에는 앵두나무가, 위쪽에는 복숭아나무가 나란히 자라고 있습니다. 한 뿌리 두 나무인 셈이지요.

　'한 뿌리 두 나무'는 모든 인간에게 해당되는 말이 아닐까요? 우리의 '몸'이라는 하나의 뿌리에 선과 악이라는 전혀 다른 열매를 맺는 두 나무가 존재하니까요. 우리의 인생은 이 두 나무의 갈등과 전쟁이라고도 볼 수 있습니다. 예수를 믿고 하나님의 자녀가 된 이후 우리는 더 많은 전쟁을 겪습니다. 마음은 선의 열매를 맺기 원하지만 결과는 하나님이 기뻐하시지 않

을 죄의 열매들로만 가득합니다. 기쁨과 감사, 온유와
평화, 사랑과 나눔의 선한 열매들보다는 미움과 원망,
게으름과 나태, 갈등과 분노 등의 죄의 열매로 가득한
모습을 다른 누구보다 스스로가 더 잘 알고 있습니다.
내가 보기에도 이런 모습이 싫은데 하나님은 허물로
가득한 나를 어떻게 보실까 염려되어 하나님 앞에 서
면 죄송스럽고 감히 얼굴을 들 수 없습니다.

　성경에도 우리처럼 한 뿌리 두 나무로 인해 갈등
하고 고민하는 사람이 있습니다. 그는 죄로 가득한 자
신의 모습을 보며 철저히 좌절하고 절망하고 있습니
다. 바로 사도 바울입니다. 사도 바울은 우리의 마음
을 대변하듯 "원함은 내게 있으나 선을 행하는 것이
없노라. 내가 원하는 바 선은 행하지 아니하고 도리어
원치 아니하는 바 악을 행하는도다"로마서 7:18라고 고
백하고 있습니다. 원하는 선과는 다른 악을 행하고 있
다는 바울의 탄식을 통해, 그가 마치 우리 마음속에
들어갔다 나온 것처럼 우리의 아픔과 고민을 잘 알고
있음을 보게 됩니다. 한 뿌리 두 나무의 갈등과 아픔

은 나만 겪는 문제가 아니라 모든 인간이 똑같이 겪
는 문제이기 때문입니다.

　우리가 좀더 훈련을 받고, 좀더 열심히 믿고, 좀더
신앙이 성숙해지면 이런 갈등이 없어질까요? 결코 그
렇지 않습니다. 오늘 절망스런 탄식을 하는 사도 바울
은 예수를 알기 전부터 스스로 한 점 흠이 없다고 고
백할 만큼 종교적 훈련에 완벽한 사람이었습니다. 심
지어 사도 바울은 예수를 만나고 삼층천三層天을 경험
했을 뿐만 아니라 언제나 성령의 감동 아래 있던 능
력의 전도자였습니다. 놀라운 성령의 체험과 목숨 건
열심으로 따진다면 사도 바울을 따라갈 사람은 아무
도 없을 것입니다. 그럼에도 오늘 사도 바울은 자신
안에 원대로 선을 행하지 못하는 나약함에 대해 탄식
하고 있습니다.

　"오호라 나는 곤고한 사람이로다. 이 사망의 몸에
서 누가 나를 건져내랴"로마서 7:24라는 바울의 탄식은
그가 자신의 연약함 앞에 얼마나 깊이 절망하고 있는
지 잘 보여줍니다. 현대어 성경은 우리가 좀더 이해

믿음의 사도 바울이 우리보다 더한 고민과
절망을 겪었다는 사실이 위로와 희망이 됩니다.

하기 쉬운 용어로 "아아, 나는 얼마나 비참한 사람인
가요! 누가 이 죽음의 몸에서 나를 구해내겠습니까?"
하는 깊은 탄식 속에 빠진 바울을 보여줍니다. 예수를
만났고, 놀라운 하늘의 경험을 하였고, 전 세계를 돌
며 복음을 전하는 큰 사역을 이루었음에도 불구하고
사도 바울은 죄 가운데 있는 비참한 자신을 바라보고
있습니다.

오늘 사도 바울은 죄가 자신을 이기는 비참하고
초라한 모습을 보며 좌절하고 절망하고 있습니다. 우
리가 잘 아는 믿음의 사도 바울이 우리보다 더한 고
민과 절망을 겪었다는 사실이 위로와 희망이 됩니다.
위대한 전도자 사도 바울도 저렇게 자신의 연약함으
로 고통스러워했다면, 오늘 보잘것없는 모습도 받아
들일 수 있는 여지가 생기기 때문입니다.

그런데 여기 사도 바울과 우리 사이에는 아주 큰 차이가 하나 있습니다. 우리는 자신의 허물과 연약함을 바라보며 하나님이 나를 기뻐하시지 않을까 하는 죄책감에 시달리며 살아가지만, 사도 바울은 자신의 연약함 가운데 좌절과 절망에만 머물지 않고, 그 속에서 새로운 희망을 발견했다는 것입니다. 자신이 비록 죄에 넘어지는 연약한 인간이지만, 그리스도 예수 안에 있는 생명의 성령의 법이 죄와 사망의 몸에서 자신을 해방하였음을 보았기 때문이지요.

절망 가운데 있던 바울은 "이제 그리스도 예수 안에 있는 자에게는 결코 정죄함이 없다"로마서 8:1라고 외치며 희망을 향해 담대히 일어섰습니다. 그렇습니다. 예수 안에서는 나의 허물과 연약함을 따지며 너는 그것밖에 되지 않냐는 책망이 없습니다. 예수 안에서는 내 죄를 꺼내들고 "너는 왜 그랬냐?"라는 정죄가 없습니다. 이 얼마나 놀라운 소식인가요? 예수가 우리에게 전해준 기쁨의 소식 복음은 우리를 허물에 대한 책망과 연약함에 대한 정죄로부터 자유롭게 하는 위로와 희망의 소식입니다.

복음은 그리스도 안에서 결코 책망과 정죄함이 없습니다. 비록 내가 지금 원하는 선이 아니라 악을 행하는 한 뿌리 두 몸의 불일치된 삶을 살고 있다 할지라도 그로 인해 너는 왜 그러냐고 따지지 않습니다. 하나님은 지금 부족한 나의 모습을 보시지 않고 내안에 함께하신 아름다운 예수 그리스도를 바라보기 때문입니다.

이제 그리스도 예수 안에 있는 내게 어떤 정죄함도 없습니다. 오늘도 넘어지고 부끄러움 가득한 허물투성이 나이지만 하나님은 결코 내 못남을 따지거나 책망하지 않으십니다. 하나님은 나에 대해 실망하거나 포기하지 않으시고, 넘어진 무릎을 세워 다시 일어날 힘을 부어주십니다. 예수 그리스도 안에는 정죄함이 아니라 날마다 새로움이 가득할 뿐입니다.

12
예수의 땀과 피로 짠 옷

"누구든지 그리스도와 합하여 세례를 받은 자는 그리스도로 옷 입었느니라."
갈라디아서 3:27

미국의 문호 마크 트웨인Mark Twain이 쓴 사회풍자소설 『왕자와 거지』The Prince and the Pauper는 '옷'으로부터 이야기가 펼쳐집니다. 술 중독자의 아들로 빈민가에 태어난 거지 소년 톰 캔티와 영국의 국왕 헨리 8세의 아들로 궁전에서 태어난 왕자 에드워드는 같은 날 같은 시각에 태어났습니다. 동냥생활을 하던 거지 소년 톰은 어느 날, 왕자가 사는 궁전에 오게 되었습니다. 왕궁을 들여다보다 문지기에게 혼나는 톰을 본 에드워드 왕자는 톰을 자기의 방으로 데리고 가 맛난 음식을 먹여줍니다. 궁궐 밖의 세상이 궁금했던 에드워드 왕자는 톰과 서로 옷을 바꿔 입고 궁궐 밖으로 빠져 나오지요.

궁궐 밖으로 나온 왕자는 자신을 거지로 취급하는 사람들에게 자신이 이 나라의 왕자라고 항변하지만, 아무도 그의 외침을 믿지 않습니다. 누가 봐도 영락없는 거지 옷을 입고 있으니까요. 궁에 남은 거지 소년은 자신이 거지라고 솔직하게 이야기하고, 왕자와는 전혀 다른 행동을 함에도 불구하고 궁의 사람들은 왕자의 정신이 약간 이상해졌다고 생각할 뿐입니다. 이 모든 게 바꿔 입은 옷으로부터 시작되었지요.

창세기에도 옷 이야기가 등장합니다. 아담과 하와가 선악과를 따먹은 후, 눈이 밝아져 벌거벗은 부끄러움을 가리기 위해 무화과 나뭇잎을 엮어 치마를 만들어 입었습니다 창세기3:7. 아담과 하와가 선악과를 따 먹었다는 사실을 아신 하나님께서 그들을 위해 보잘것없는 무화과잎 치마 대신 튼튼하고 영구적인 가죽 옷을 지어 입히셨습니다 창세기 3:21.

사도 바울은 오늘 우리에게 멋진 옷 하나를 소개하고 있습니다. "누구든지 그리스도와 합하여 세례를 받은 자는 그리스도로 옷 입었느니라"갈라디아서 3:27라며 그리스도 예수를 우리가 입어야 할 옷으로 묘사하고 있습니다. 사람들은 하나님 앞에 나갈 때 두 종류의 옷을 입습니다. 하나는 무화과 잎사귀처럼 약하고 허름한 자기 의의 옷이요, 또 다른 하나는 하나님이 우리에게 입혀주신 튼튼한 가죽옷인 예수 그리스도입니다.

오늘도 우리는 하나님 앞에 나아가기 위해 옷을 준비합니다. 예배의 바지를 입고 기도의 윗도리를 걸치고, 교회봉사의 신을 신고, 헌금의 스카프로 멋을 낸 후 하나님 앞에 나옵니다. 우리는 자신의 종교적 행위들을 하나님 앞에 나아갈 때 입어야 할 옷으로 여깁니다. 우리는 예배와 기도로 차려입은 옷 위에 열심과 헌신의 멋진 장식으로 꾸미고 나아가면 하나님이 더 많은 복을 주시리라 생각합니다.

그러나 예수 외에 다른 어떤 옷으로도 나를 하나

님 앞에 세울 수 없습니다. 하나님 앞에 나아갈 때, 하나님은 딱 한 가지, 내가 하나님의 어린 양 예수의 피가 묻은 가죽옷을 입고 나왔는지만 보실 뿐입니다.

많은 신앙인들이 하나님의 은혜를 얻기 위해 발버둥치는 열심이 오히려 우리를 하나님의 은혜로부터 멀어지게 한다는 사실을 깨닫지 못합니다. 사도 바울은 이런 왜곡된 믿음에 대해 "율법 안에서 의롭다 함을 얻으려 하는 너희는 그리스도에게서 끊어지고 은혜에서 떨어진 자로다"갈라디아서 5:4라고 경고했습니다. 하나님께 인정받기 위한 우리의 열심이 오히려 우리를 그리스도로부터 단절시키고, 우리가 그토록 갈구하는 은혜로부터 멀어지게 만든다는 것입니다.

우리는 오늘 하나님 앞에 어떤 옷을 입고 나아가고 있을까요? 많은 이들이 예수를 믿는다고 고백하지

거룩하신 하나님 앞에 나를 세우는 것은
오직 하나님 어린 양의 피가 묻은 예수 옷뿐입니다.

만, 예수만으로는 부족하다 생각합니다. 그래서 예수 위에 자신의 열심과 헌신으로 꾸며 하나님께 더 예쁘게 보이려 합니다. 그러나 하나님은 예수라는 옷 위에 열심과 헌신으로 수놓을 필요가 없다고 말씀하십니다. 예배와 기도로 더 멋지게 꾸미지 않아도, 헌신과 봉사로 더 아름답게 장식하지 않았어도 오직 내 마음에 예수 하나면 충분하다고 말씀하십니다.

하나님께서 예수의 옷만을 기뻐하시는 이유가 있습니다. 그 옷은 하나님의 외아들 예수의 피로 짠 옷이기 때문입니다. 그 옷에는 당신의 외아들이 십자가에 피 흘리는 것을 바라보며 하나님 당신도 가슴 찢어지는 애통과 눈물이 배어 있기 때문입니다. 하나님이 오직 예수의 옷만을 기뻐하심은 이 옷이 하나님의 아들과 하나님 당신이 피와 눈물로 함께 만든 옷이기 때문입니다.

사람들은 자신이 힘들게 이룬 것을 제일 오래 기억하고, 가장 자랑스럽고 보람되게 여깁니다. 그렇다면 하나님께는 무엇이 가장 힘들고 어렵게 이룬 일일

까요? 하나님이 무엇을 가장 자랑스러워하시고 보람
되게 여기실까요? 그것은 예수 그리스도의 십자가입
니다. 예수가 십자가를 지고 골고다 언덕을 오를 때,
하나님도 예수와 함께 골고다 언덕을 오르셨습니다.
십자가에 못 박힌 하나님의 어린 양 예수는 곧 하나
님이셨습니다. 하나님께서 고통과 눈물로 가장 힘겹
게 이루신 일은 바로 인간 예수의 몸을 입고 이 땅에
오셔서 우리의 죄 짐을 지신 것입니다. 이것이 바로
하나님이 예수의 옷만을 기뻐하시는 이유입니다.

내가 예수 옷을 입는다는 것은 예수 안에 담겨 있
는 하나님의 눈물을 내 것으로 하는 것입니다. 예수
옷을 의지하여 하나님께 나아가기보다 내가 드린 헌
신과 열심을 의지하는 것은 아무리 하나님의 이름을
부른다 할지라도, 실제로는 하나님의 가장 큰 계획과
하나님의 고통, 그분의 눈물과 피땀을 부정하는 것입
니다. 그러기에 사도 바울의 고백처럼, 자신의 종교적
의로 은혜를 구하는 자는 오히려 그리스도에게서 끊
어지고, 은혜로부터 단절되는 것입니다.

하나님은 우리가 하나님의 피눈물이 밴 예수 옷의 가치를 알아주기를 원하십니다. 만약 우리가 아무리 예배에 열심이고, 교회 일에 많은 헌신을 했다 할지라도 예수의 옷을 입고 있지 않았다면, 하나님의 피눈물을 부정하는 것이기에 하나님이 그를 기뻐할 수 없습니다. 바로 이것이 하나님께서 예수 없는 열심에 빠진 바리새인을 경멸하는 이유입니다.

아담과 하와가 무화과나무 잎으로 자신의 부끄러움을 가린 것처럼, 우리는 예배와 기도와 봉사와 헌신을 하나님 앞에 나의 허물을 가릴 옷으로 여깁니다. 때론 자신이 생각하기에도 열심이었고, 하나님께 드린 것이 많다고 생각이 들 때면, '이 정도면 괜찮겠지?'라고 생각하고 하나님 앞에 당당하게 나아갑니다.

그러나 예배란 하나님께 나의 허물을 가리는 옷이 아니라, '허물에도 불구하고' 내게 넘치는 은혜를 부어주신 하나님과 더불어 즐거움을 나누는 교제의 시간입니다. 찬송은 내게 쏟아져 들어오는 하나님 사랑에 대한 노래요, 기도는 감사의 고백인 것입니다. 내가 하나님께 드리는 어떤 종교적 행위들도 하나님께 무언가 얻기 위한 수단과 조건이 될 수 없습니다. 그저 사랑의 하나님과 더불어 나누는 교제의 표현일 뿐입니다.

우리의 신앙생활을 하나님 앞에 나아갈 옷을 만드는 것이라 여길 때, 열심을 강조하고 은혜 받을 조건을 내세우는 우를 범하게 됩니다. 많은 사람들이 자신이 만드는 열심과 헌신이라는 그 어떤 옷도 하나님이 기뻐하시지 않는다는 것과, 자신이 이미 하나님이 기뻐하시는 세상에서 가장 아름다운 옷을 입고 있다는 사실을 알지 못합니다.

사도 바울은 "누구든지 그리스도와 합하여 세례를 받은 자는 그리스도로 옷 입었느니라"_{갈라디아서 3:27}라며 우리가 이미 그리스도 예수의 옷을 입은 하나님의 아름다운 자녀라고 말씀하였습니다. 예수의 옷을 입고 있는 나는 이미 하나님의 기쁨이 되었고 하나님의 사랑스런 자녀라고 인정받았습니다. 예수의 옷을 입고 있는 내가 하나님 앞에 서기 위해 더 필요한 것은 아무것도 없습니다.

　우리가 이미 예수라는 하나님의 거룩한 옷을 입고 있음에도 불구하고 열심과 봉사라는 덫에 빠져 기쁨을 상실하는 이유가 있습니다. 우리가 행하는 모든 것이 죄에 불과함을 모르기 때문입니다. 내가 드리는 예배와 기도와 찬양과 헌신과 봉사 등 그 어떤 것도 하나님의 만족이 될 수 없는 죄에 불과합니다.

　사도 바울은 그 이유를 "성경이 모든 것을 죄 아래 가두었기"갈라디아서 3:22 때문이라고 설명했습니다. 내가 아무리 거룩을 추구하고 많은 봉사와 헌신을 했다 할지라도 내가 행한 모든 것은 하나님 앞에 죄에 불과할 뿐입니다. 내가 행한 그 어떤 것으로도 나를 하나님 앞에 세울 수 없습니다. 우리가 거룩함과 선을

예수의 옷을 입고 있는 내가
하나님 앞에 서기 위해
더 필요한 것은 아무것도 없습니다.

추구한다 할지라도 우리 안에 죄의 깊은 심연이 있기 때문입니다. 우리가 알아야 할 것은 바로 나의 모든 것이 죄라는 사실입니다. 그렇기에 나의 어떤 것으로도 하나님 앞에 나를 세울 수 없다는 것과 내가 하나님 앞에 서려면 오직 예수의 옷을 입고 나아가는 것, 은혜로만 가능함을 아는 것입니다.

바울은 성경이 모든 것을 죄 아래 가둔 이유를 "이는 예수 그리스도를 믿음으로 말미암는 약속을 믿는 자들에게 주려 함이니라"_{갈라디아서 3:22}라고 하였습니다. 바울이 강조한 "예수 그리스도를 믿음으로 받는 약속들"이란 오늘 내 삶에 필요한 은혜들도 포함됩니다. 오늘 내가 받기를 간절히 사모하는 모든 것, 오늘 내게 필요한 모든 것은 내가 하나님께 드린 나의 행위에 대한 대가나 보답으로 주시는 것이 아니라, 예수 그리스도를 믿고 의지할 때 은혜로 값없이 주시는 것입니다. 이것이 바로 예수의 옷을 입고 나아감이요, 이것이 바로 복음의 기쁜 소식입니다.

복음은 하나님 앞에 당신 스스로 만들어야 하는

모든 옷으로부터 해방의 소식입니다. 그러기에 오늘 당신이 해야 할 것은 오직 하나, 예수의 옷을 입는 것뿐입니다. 내가 예수의 옷을 입고 있기에 하나님이 나를 바라보시며 나를 기뻐하시며 사랑스럽다 이야기하신다는 사실을 깊이 인식해야 합니다.

예수의 옷을 입고 사는 삶을 바울은 갈라디아서 2장 20절에서 이렇게 노래합니다.

내가 그리스도와 함께 십자가에 못 박혔나니 그런즉 이제는 내가 사는 것이 아니요, 오직 내 안에 그리스도께서 사시는 것이라. 이제 내가 육체 가운데 사는 것은, 나를 사랑하사 나를 위하여 자기 자신을 버리신 하나님의 아들을 믿는 믿음 안에 사는 것이라.

예수의 옷을 입음은 이제 더 이상 내가 사는 것이 아니요 내 안에 예수 그리스도가 사는 것입니다. 이것이 바로 복음입니다.

13
우리의 자랑은 십자가뿐

"내게는 우리 주 예수 그리스도의 십자가 외에 결코 자랑할 것이 없으니."
갈라디아서 6:14

자신의 능력과 업적을 자랑하고 싶은 것은 누구나 갖고 있는 마음일 것입니다. 오늘 사도 바울도 한 가지 자랑을 하고 있습니다. 예수를 만난 이후 한평생 동안 오직 예수 그리스도를 위해 헌신했고, 수많은 고난과 죽음의 위기를 겪으며 전도 사역에 많은 성과들을 이뤄낸 바울은, 이 모든 것이 자신의 수고로 이룬 업적이 아니며, 오직 예수 그리스도의 십자가 외에 자랑할 것이 없다고 고백하고 있습니다.

사도 바울에게 예수의 십자가가 무슨 의미였기에, 십자가만이 유일한 자랑이라고 고백했던 것일까요? 예수를 알기 전에 바울은 하나님을 향한 종교적 열심과 노력으로 하나님 앞에 완전한 삶을 살 수 있으리라 생각했습니다. 그러나 예수의 십자가를 만난 이후 자신이 추구하던 종교적 열심과 헌신이 얼마나 잘 못되었는지 알게 되었습니다. 그는 예수의 십자가 안에서 자신의 깊은 죄의 심연과 예수 안에서 자신에게 쏟아져 들어오는 하나님의 넘치는 사랑을 보았기 때문입니다. 예수의 십자가가 전해준 복음의 놀라운 의미를 깨달은 것이지요.

　사도 바울은 예수 그리스도의 십자가가 하나님의 심판임을 알았습니다. 모든 인간은 죄인이며 하나님 앞에 부적절하고 모자란다는 심판입니다. 어느 인간도 스스로 구원에 이를 수 없다는 하나님의 심판입니다. 아무리 도덕적으로 완벽하고, 종교적으로 하나님 앞에 헌신된 신앙인으로 살았다 할지라도 그저 심판 받을 죄인에 불과할 뿐입니다.

　많은 이들이 하나님의 심판을 세상의 법정 개념으로 이해합니다. 그러나 하나님의 심판은 죄의 많고 적음에 따라 벌이 달라지는 세상의 법정이 아닙니다. 그가 어떤 삶을 살았든 간에 하나님 심판의 결과는 누구나 똑같습니다. 모든 인간이 죄인이라는 사실입니다. 우리 눈에는 종교적이고 도덕적인 삶의 차이가 있었을지 모르지만, 하나님께는 모든 인간이 심판과 구원이 필요한 죄인에 불과합니다.

우리는 하나님의 심판을 사망 이후의 먼 미래의 것으로 생각하지만, 아닙니다. 하나님은 이미 심판을 내리셨습니다. 나와 당신이 죄인이라는 심판입니다. 그런데 하나님은 그저 심판으로 끝내지 않았습니다. 인간이 스스로를 구원할 수 없을 뿐만 아니라, 자신의 노력으로 하나님 앞에 설 수 없음을 아시고 하나님의 어린 양 예수에게 우리의 죄를 담당케 하신 것입니다. 그것이 바로 예수 그리스도의 십자가입니다.

예수께서 나를 대신하여 심판을 받고 십자가를 지심으로 모든 죗값을 치르셨습니다. 이제 나는 예수 그리스도 안에서 하나님께 만족된 것입니다. 내가 그리스도 안에서 하나님 앞에 나아갈 때, 하나님은 더 이상 나를 심판하시지 않습니다. 나는 예수 안에서 하나님의 심판으로부터 자유가 되었습니다. 이것이 사도 바울이 그리스도 안에서 더 이상 정죄함이 없다고 고백하는

바울이 십자가만을 자랑하는 까닭은
십자가가 '인간의 불충분성'과 동시에
'하나님의 만족'을 말하고 있기 때문입니다.

이유입니다.

바울이 십자가만을 자랑하는 까닭은 십자가가 '인간의 불충분성'과 동시에 '하나님의 만족'을 말하고 있기 때문입니다. 하나님은 예수의 십자가 안에서 나를 기뻐하시고 만족해하십니다. 예수 그리스도의 십자가 안에 하나님이 나를 만족하셨다는 것은 하나님 앞에서 더 이상 나의 허물로 인한 심판이 없을 뿐만 아니라, 내가 하나님의 기쁨이 되었다는 것입니다.

예수 그리스도의 십자가는 나의 연약함과 허물의 자책으로부터 벗어나는 자유의 소식입니다. 십자가는 내가 하나님을 만족시키기 위해 드려야 하는 나의 종교적 의무와 책임들로부터 자유하게 되었다는 놀라운 해방의 선포입니다.

이제 우리는 예수 그리스도의 십자가를 바로 알아야 합니다. 예수의 십자가를 의지하고 하나님께 나아갈 때 하나님은 더이상 심판자가 아닙니다. 하나님은 예수 안에서 나의 아픔을 같이하고 나의 연약함을 담당하시는 이해자요 공감자가 되십니다. 사도 바울이 그토록 "예수 그리스도 안에"를 강조한 까닭이 여기에 있습니다.

요즘 많은 이들에게 십자가는 그저 교회를 상징하는 장식품으로 전락하고 말았습니다. 교회 강단 앞에 걸려 있는 십자가를 바라보지만, 어떤 감동도 없고 기쁨과 감사의 마음도 일지 않습니다. 그러나 십자가는 교회를 상징하는 단순한 장식품에 멈추지 않습니다. 십자가는 오늘도 우리를 구원하는 하나님의 능력이요, 우리를 자유케 하는 하나님 사랑의 선포입니다.

이제 십자가의 외침을 들어야 합니다. 십자가는 예수가 십자가를 져야 할 만큼 내가 심각한 죄인이며, 예수가 나의 죄를 지고 십자가를 지심으로써 내가 예수의 피로 정결케 되었음을 이야기합니다. 십자가는 이제 내가 예수 안에서 용서받고 용납되었으며, 하나님 앞에 의롭고 정결한 존재가 되었음을 웅변하고 있습니다. 십자가는 그 크신 은혜를 주신 하나님과 더불어 기뻐하고 감사하라고 이야기합니다. 바로 이런 십자가의 비밀을 알았기에 사도 바울은 예수의 십자가만이 자신의 유일한 자랑이라고 고백했던 것입니다.

만약 하나님 앞에 나아갈 때 드린 것이 없어 하나님이 나를 기뻐하실까 염려가 된다면, 아직 예수의 십자가를 알지 못하는 것입니다. 예수 그리스도의 십자가는 나를 하나님 앞에 세우는 유일한 길입니다. 십자가는 내가 하나님의 사랑스런 자녀요, 하나님 당신의 기쁨이 되었다는 하늘의 놀라운 선포입니다. 하나님 앞에 나아가기 위해서는 예수의 십자가 하나로 충분합니다. 어떤 노력과 헌신이 더 필요하지 않습니다. 사도 바울은 그 이유를 "아무 육체라도 하나님 앞에서 자랑하지 못하게 하려 하심이라"고린도전서 1:29라고 설명하고 있습니다.

예수 그리스도의 십자가가 우리 스스로 하나님을 만족시킬 수 없음을 이야기함에도 불구하고 우리는 얼마나 오랜 시간 동안 하나님을 만족시키기 위해 애써왔을까요? 부족한 자신의 모습을 보고 하나님이 기뻐하시지 않을 것 같다고 얼마나 자책해 왔을까요? 이제 예수 그리스도의 십자가를 바라보십시오. 언제 나 예수 그리스도의 십자가를 당신의 유일한 자랑으로 삼으십 시오. 십자가가 자신의 유일한 자랑이 되면, 하나님 앞에 큰 기 쁨과 사랑 안에 머물게 될 것입니다.

기쁨의 소식 복음은 우리가 예수 그리스도의 십자가 안에서 하나님의 기쁨이 되었다는 놀라운 희망의 소식이며, 종교적 의 무와 책임으로부터 자유케 되었다는 해방의 소식입니다. 언제 나 예수 그리스도의 십자가를 바라보십시오. 예수의 십자가 안 에서 넘치는 하나님의 사랑을 보십시오. 십자가는 당신을 향한 하나님 사랑의 외침입니다.

많은 이들이 십자가를 예수 믿어 구원받을 때만 필요하다 고 오해합니다. 그러나 십자가는 우리에게 순간마다 필요합니 다. 십자가는 하나님의 심판뿐만 아니라, 하나님의 용서와 은혜 를 매일 매 순간 새롭게 받아들이는 곳이기 때문입니다.

십자가는 하나님 앞에 나아갈 때 나의 부족함을 계산하는 나는 예수 그리스도의 십자가에서 완성되었습니다.
십자가 안의 예수가 곧 나의 가치입니다.

잘못된 시각으로부터 벗어나게 해줍니다. 십자가는 나를 있는
모습 그대로 받아들여 주시는 하나님의 사랑의 소식입니다.

하나님 앞에 나의 가치는 내가 이룬 성취에 있는 것이 절대
아닙니다. 내 가치가 나의 종교적인 노력과 성취 여부에 있다면
예수 그리스도는 내게 의미가 없습니다. 자신의 가치를 자신의
성취 안에서 찾으려 하는 사람은 좌절과 무가치함에서 벗어나
지 못합니다. 우리는 언제나 넘어질 수밖에 없는 자이기 때문입
니다. 내 가치는 예수 그리스도의 십자가에 있습니다. 하나님은
예수 그리스도 안에서 나를 받아들이시기 때문에 나는 예수 그
리스도의 십자가에서 완성되었습니다. 십자가 안의 예수가 곧
나의 가치입니다.

십자가는 나의 모든 것입니다. 십자가는 내게 필요한 모든

것입니다. 십자가는 내가 매일의 삶을 승리하는 데 필요한 하나님의 은혜요 하나님의 능력입니다. 그것이 내가 매일 십자가를 바라보고, 매 순간 십자가를 붙들어야 하는 이유입니다.

내가 십자가를 붙들 때 하나님은 내게 더 이상 부족하지 않다고 말씀하십니다. 예수의 십자가를 나의 유일한 자랑으로 삼을 때, 하나님은 내가 더 이상 드릴 것이 없다고 말씀하십니다. 내가 십자가를 자랑으로 삼을 때 하나님은 가장 기뻐하시며 넘치는 은혜를 부어주십니다. 십자가는 나를 치유하고 나를 온전케 하는 곳입니다. 십자가는 하나님의 은혜의 통로요, 승리의 길입니다. 십자가만을 자랑으로 삼는 이는 축복받은 사람입니다.

14
당당히 하나님께 나아가라

"우리가 그 안에서 그를 믿음으로 말미암아
담대함과 확신을 가지고 하나님께 나아감을 얻느니라."
에베소서 3:12

많은 사람들이 구약의 하나님은 정의의 하나님, 신약의 하나님
은 사랑의 하나님이라 이야기합니다. 그렇다면 구약의 하나님
과 신약의 하나님은 서로 다른 하나님일까요? 그렇지 않습니
다. 하나님은 한 분이요, 언제나 동일하신 분이기 때문입니다.
사도 요한은 "하나님은 사랑"요한일서 4:8이라고 이야기했습니다.
신약의 하나님도, 구약의 하나님도 사랑의 하나님입니다. 다만
구약시대 사람들이 율법에 가려 하나님의 사랑을 보지 못했던
것뿐입니다. 예수가 이 땅에 오신 것은 율법에 가려진 하나님의

사랑을 자신의 온몸으로 증명해 보이시기 위해서였습니다.

복음은 한마디로 요약하면 "하나님은 사랑"이라는 것입니다. 죄인인 내가 하나님 앞에 설 수 있음은 하나님의 크신 사랑 때문이요, 나를 향한 하나님의 넘치는 용서 때문입니다. 만약에 하나님께서 내 행위를 계산하신다면, 나는 하나님 앞에 나갈 수도 없고 하나님을 아버지라 부를 수도 없습니다.

구약의 인물 중에 '복음'을 잘 알고 있던 한 사람이 있습니다. 다윗입니다. 다윗은 하나님의 사랑을 알았고, 그 사랑을 누릴 줄 알았습니다. 다윗은 자신이 하나님 앞에 설 수 있던 것은 하나님께 드린 제사가 아니라, 오직 하나님의 그 크신 사랑 때문임을 알았습니다. 그래서 다윗은 자신의 허물에도 불구하고 하나님 사랑에 근거하여 하나님 앞에 당당히 나아갔다고 그의 시편들이 증명하고 있습니다.

하나님께 나아가는 다윗은 이렇게 고백합니다.

"주의 이름을 생각하셔서 나를 인도하시고 지도하소서." 시편 31:3

"여호와여 나의 죄악이 크오니 주의 이름으로 말미암아 사하소서."
시편 25:11

"오직 나는 주의 풍성한 사랑을 힘입어 주의 집에 들어가 주를 경외함으로 성전을 향하여 예배하리이다." 시편 5:7

"하나님이여 주의 인자를 따라 내게 은혜를 베푸시며 주의 많은 긍휼을 따라 내 죄악을 지워주소서." 시편 51:1

"여호와여 주의 인자하심이 선하시오니 내게 응답하시며, 주의 많은 긍휼에 따라 내게로 돌이키소서." 시편 69:16

다윗의 시편 고백들을 자세히 살펴보면, 다윗이 하나님 앞에 설수 있었던 근거가 다윗이 하나님께 드린 제사와 많은 예물들이 아니라, 하나님의 크고 풍성한 사랑과 많은 긍휼과 인자하심 때문임을 알 수 있습니다.

다윗의 고백은 아주 단순합니다. "하나님, 내 죄와 허물과는 비교할 수 없을 만큼 당신의 이름이 크시니 내 부족함을 용서해주시고, 나는 보잘것없으나 하나님 당신은 사랑이 풍성한 분이시니 내가 하나님 전에 나아가 예배하게 하시고, 내가 당신께 드린 것 없지만 하나님 당신은 인자와 긍휼이 넘치는 분이시니 내게 넘치는 은혜를 베풀어 주십시오"였습니다.

하나님을 향한 다윗의 기도를 보면 뻔뻔스러울 만큼 당당합니다. 다윗이 하나님께 담대할 수 있었던 이유는 딱 하나였습니다. 하나님의 사랑이 인간의 허물이나 공적에 따라 주고받는 사랑이 아님을 알았던 것입니다. 하나님의 사랑은 인간의 행위에 영향을 받지 않음을 알았기에, 그분의 크신 이름과 크신 사랑을 인하여 당신 앞에 나왔다고 고백할 수 있었던 것입니다.

우리도 다윗처럼 하나님 앞에 당당해본 적이 있을까요? 다윗처럼 하나님께 담대한 기도를 드려본 적이 있을까요? 오늘날 우리는 하나님을 향한 열심과 헌신이 부족함을 보면서 하나님의 사랑을 작고 하찮은 것으로 만들어 버리곤 합니다. 입으로는 하나님의 크신 사랑을 노래하면서도, 그 사랑에 대한 놀람과 감사로 나아가지 않습니다. 그저 기어들어가는 목소리로 "하나님 용서해 주세요. 다음엔 잘 할게요"라고 습관적으로 헌신을 약속하며 감히 그분 앞에 서지 못합니다. 문제는 하나님 사랑 앞에 당당히 나가지 못하는 우리의 신앙은 "하나님 당신은 나의 행위대로 갚으시는 분"이라고 외치는 꼴과 같다는 사실입니다. 이는 하나님의 사랑을 부정하고 하나님을 좀스런 신으로 전락시키는 것입니다.

이제 우리는 다윗처럼 크신 하나님의 사랑을 보고 하나님 품에 달려 나갈 필요가 있습니다. 아버지의 사랑을 믿기에 아버지 품에 달려가는 어린아이와 같이, 다윗의 당당하고 담대한 믿음을 하나님이 더욱 기뻐하심을 우리는 배워야 할 것입니다.

하나님께 담대히 나아갈 수 있음은 다윗에게만 주어진 특권이 아닙니다. 예수 안에 있는 우리 모두에게 주어진 하나님의 선물입니다. 바울은 에베소서 3장 12절에 "우리가 그 안에서 그

다윗의 당당하고 담대한 믿음을 하나님이 더욱
기뻐하심을 우리는 배워야 할 것입니다.

를 믿음으로 말미암아 담대함과 확신을 가지고 하나님께 나아감을 얻느니라"라고 했습니다. 우리가 예수 안에서 예수를 믿음으로 하나님께 담대하게 나아감을 선물로 얻는다는 것입니다.

또 그는 히브리서 4장 16절에서 "그러므로 우리는 긍휼하심을 받고 때를 따라 돕는 은혜를 얻기 위하여 은혜의 보좌 앞에 담대히 나아갈 것이니라"며 하나님의 은혜의 보좌에 담대하게 나아갈 것을 권면하고 있습니다.

우리가 하나님의 은혜를 구함은 구걸이 아니라, 하나님 자녀 됨의 특권으로서 하나님 아버지께 당당히 요구할 수 있습니다. 그것이 예수 안에서 우리를 향한 하나님의 뜻이기 때문입니다. 지난 한 주간의 열심과 헌신은 하나님의 자녀들이 하나님의 은혜를 간구하는 데 아무런 조건이 될 수 없습니다. 이제 나와 하나님 사이는 사랑의 관계가 되었기 때문입니다. 사랑 안에는 두려움이 없습니다. 그러기에 "아바 아버지"라 부르며 은혜의 보좌 앞에 달려가 감사와 기쁨으로 하나님의 은혜를 담대하게 구할 수 있는 것입니다.

하나님의 은혜를 구하는 데에 우리가 더 이상 치를 값은 없습니다. 이미 예수 그리스도께서 내게 필요한 모든 죗값을 완벽하게 다 치르셨기 때문이지요. 하나님은 내 모든 허물과 연약함을 하나님의 어린 양 예수 그리스도에게 담당시키시기를 기뻐하셨고이사야 53:6, 예수는 하나님의 뜻을 따라 내 모든 연약함을 책임지셨습니다. 이제 나는 나의 모든 것으로부터 해방되었으며, 나는 하나님께 만족함과 기쁨이 되었습니다. 그러기에 나는 언제고 하나님 아버지의 품에 당당하게 달려가 내게 필요한 은혜를 담대하게 요구할 수 있습니다. 이게 바로 예수 그리스도 안에서 이루고자 하신 하나님의 뜻이요, 비밀입니다.

'담대하게 나아감'이란 뜻으로 사용된 영어 단어 "confidence"에는 독특한 의미가 담겨 있습니다. 영영사전의 "confidence"란 단어의 해설에는 '확고한 신뢰, 확신, 굳건한 믿음'이라는 뜻과 함께 '대담함, 무모함, 뻔뻔스러움. 철면피'라는 뜻의 "boldness"가 적혀 있습니다.

맞습니다. 우리는 하나님 앞에 뻔뻔스러울 필요가 있습니다.

얼굴에 두꺼운 철판을 깔고 하나님 앞에 감사한 마음으로 당당히 나갈 필요가 있습니다. 오늘 내 모습은 여전히 부족하고 허물투성이지만, "하나님 감사해요", "하나님 사랑해요"를 외치며 철면피처럼 기쁨으로 하나님 앞에 당당하게 나아가야 합니다. 이것이 바로 그리스도 예수 안에서 나를 위해 계획하신 하나님의 비밀이기 때문입니다.

영원 전에 하나님께서 한 계획을 세우셨습니다. 이는 하나님의 가장 깊은 비밀이었습니다. 이 계획은 인간의 소외를 제거하고, 하나님과 인간의 화해를 통해 잃어버린 관계를 회복하고자 함이었습니다. 영원 전부터 계획 속에만 머물던 하나님의 이 비밀스런 프로젝트는 예수 안에서 성취되었습니다. 예수 그리스도는 앞으로 오실 분이 아니라, 이미 오신 분이기에 예수 안에서 이루고자 하셨던 하나님의 계획 역시 이미 성취된 것입니다. 바로 오늘 내가 그리스도 예수 안에서 그를 믿음으로 말미암아 철면피처럼 하나님께 당당하고 담대하게 나갈 수 있는 이유입니다.

예수 그리스도를 믿는다는 것은 하나님의 계획을 믿는 것이요, 하나님을 인정하는 것입니다. 예수 안에 있는 하나님의 비밀을 인정하는 것이 바로 우리가 하나님께 드릴 수 있는 최고의 기쁨이요, 하나님께 돌릴 영광입니다. 하나님을 인정한다는 것은 삶의 모든 순간에 하나님을 인식하는 것입니다.

강원도 영월 서강 가에 살던 제게 겨울마다 반복되는 일이 있었습니다. 강추위가 며칠간 지속되면 집 뒷산의 샘에서 연결한 수도꼭지가 꽁꽁 얼어 물이 나오지 않는 것이지요. 샘이 얼면 강으로 나갑니다. 추위에 꽁꽁 언 얼음을 도끼로 깨고 강물을 길어옵니다. 놀라운 것은 내가 아무리 강물을 많이 퍼다 써도 강물은 전혀 줄지 않는다는 사실입니다. 내가 퍼다 쓰는 물의 양과는 비교조차 할 수 없는 엄청난 물이 얼음 밑으로 흐르

예수 그리스도를 믿는다는 것은 하나님의 계획을
믿는 것이요, 하나님을 인정하는 것입니다.

기 때문입니다. 강물은 내 행위에 전혀 영향받지 않았습니다.

하나님의 사랑은 강이나 바다보다 더 넓습니다. 바다에서 아무리 많은 물을 퍼 쓴다 할지라도 바다의 물은 줄지도 마르지도 않습니다. 바다는 내가 돌을 던지거나 물을 퍼 쓰거나 하는 어떤 행위에 전혀 영향받지 않습니다. 바다보다 넓은 하나님의 사랑은 내 행위에 따라 달라지는 사랑이 아닙니다. 하나님은 그토록 작은 분이 아니니까요. 나를 향한 하나님의 사랑을 제한하는 것은 내가 허물이 많거나 죄를 고백하지 않았기 때문도 아닙니다. 나의 부족함 때문에 하나님이 나를 사랑하시지 않을 거라는 나의 잘못된 믿음이 나를 향한 하나님의 사랑을 제한한 것뿐입니다.

사무엘 선지자는 "여호와께서는 너희로 자기 백성 삼으신 것을 기뻐하신 고로 그 크신 이름을 인하여 자기 백성을 버리지 아니하실 것"사무엘상 12:22이라며 하나님께서 그의 백성에게 은혜를 베푸시는 까닭은 하나님의 크신 이름 때문과 그 백성을 기뻐하시기 때문이라고 강조하였습니다.

이제 하나님 앞에 나아갑시다. 그리고 다윗처럼 하나님께 담대히 외쳐봅시다.

하나님 저 참 보잘것없어요, 오늘도 또 넘어졌고요, 말씀 속에서 당신을 만나지도 못했어요. 그래도 하나님 아시죠? 제가 당신을 사랑하는 제 마음을요. 아니, 하나님이 나를 더 기다리시고 계신 것 알아요. 나를 얼마나 사랑하시는지도 알아요. 하나님, 여전히 나는 보잘것없지만 하나님 당신의 크신 사랑으로 인해 당신 앞에 섰어요. 하나님 당신의 크신 이름으로 인해 나를 긍휼히 여기시고, 내 삶에 은혜를 가득 부어주세요.

누군가를 사랑하게 되면 담대해집니다. 그리고 사랑은 계산하지 않습니다. 우리가 정말 하나님을 사랑하게 되면 하나님께 담대해질 수 있습니다. 오늘도 하나님 사랑을 의지하고 철면피처럼 당당히 나오는 당신을 더 기뻐하시는 하나님입니다. 복음은 당신에게 행복한 철면피가 되라는 초대입니다.

5부
쉼,
경이로운 행복

십자가는 본을 따르라는 요구가 아니라 십자가 안에서 쉼을 누리라는 행복의 초대입니다. 행복을

찾기 원하는 사람은 복음으로 달려나와야 합니다. 하나님께 드린 것이 아무것도 없어도, 허물투성이의

경건치 않은 자임에도 불구하고 나를 당신의 의와 기쁨으로 받아주시는 하나님의 품 안에서 행복을 누

려야 합니다.

15
날마다 내 짐을 지시는 하나님

"날마다 우리 짐을 지시는 주 곧 우리의 구원이신 하나님을 찬송할지로다."
시편 68:19

하나님을 생각하면 기쁘고 감사하기보다는 내 부족함과 숨겨진 죄들이 먼저 떠올라, 하나님이 나를 기뻐하시지 않을 것만 같은 마음이 드는 이유는 무엇일까요? 하나님 앞에 나아가려 할 때면, 하나님의 은혜에 대한 감격과 기쁨보다는 내가 하나님의 은혜를 받기 위해 무엇을 했는지 돌아보는 까닭은 무엇일까요? 그 이유는 간단합니다. 하나님은 나를 판단하시는 분, 내게 더 잘하라고 요구하시는 분으로 믿기 때문입니다.

　우리는 하나님을 사랑이라고 이야기합니다. 그러나 내가 잘하고 드린 것이 많을 때에는 사랑하시지만,

내가 넘어지고 허물 있을 때는 나를 기뻐하시지 않는 분이라고 생각합니다. 그래서 우리는 내 모든 것을 다 아신다는 그분의 '전능 全能 · 전지 全知 · 전재 全在'하심이 너무도 불편합니다. 그러나 지옥불의 무거운 형벌이 아니라 천국 가야 하고, 성공과 복을 받아야 하기에 하나님이란 존재는 어쩔 수 없이 지고 가는 불편하고 무거운 짐입니다.

그러나 하나님을 무거운 짐으로 여기는 우리와는 달리, 성경의 시편 기자는 하나님은 "날마다 우리 짐을 지시는 주"시편 68:19라고 고백하고 있습니다. 또 시편 81편 6절에서는 "내가 그 어깨에서 짐을 벗기고, 그 손에서 광주리를 놓게 하였도다"라며 하나님은 우리의 무거운 짐을 벗기고 평안을 주시는 분임을 강조하고 있습니다.

하나님이란 천국 가기 위해 힘겹게 지고 가야 하는 무거운 짐일까요? 아니면 내 삶의 무거운 짐을 벗겨주시며 천국 길로 향한 내 발걸음을 가볍게 인도하시는 분일까요? 과연 어떤 하나님이 맞을까요?

시편 기자는 "여호와는 나의 피난처시라 하고 지
존자로 거처를 삼았다"시편 91:1라고 고백했습니다. 오
랜 시간 자연과 가까운 삶을 살다 보니 산새들의 보
금자리를 종종 만나게 됩니다. 산새들의 둥지는 저마
다 모양이 각기 다르지만 공통된 점이 하나 있습니다.
산새들이 둥지를 만드는 곳은 적으로부터 가장 안전
하게 새끼들을 보살필 수 있는 곳이라는 점입니다.

새 둥지를 살펴보다 "여호와는 나의 피난처시라
하고 지존자로 거처를 삼았다"는 시편 기자의 고백이
가슴 깊이 들려왔습니다. 만약 하나님이 나의 거처와
피난처가 되신다면, 하나님은 내게 보호와 안전과 쉼
과 평화와 만족이 있는 곳임을 의미합니다. 내가 살아
가는 집은 내가 무엇을 입든지 자유롭고, 어떤 일을
하든 남을 의식하지 않고 가장 편안함을 느끼는 곳입
니다. 만약 집에서도 쉴 수 없고 불안하며 누군가의
눈치를 봐야 하고 회사처럼 긴장하고 있어야 하는 곳
이라면, 그곳은 더 이상 참된 거처가 아닙니다.

나의 진정한 거처는 모든 일과 의무와 요구로부터

하나님이라는 거처는 우리가 일과 요구로부터
벗어나 있는 모습 그대로 받아들여지는 자유를
누릴 수 있는 세상 최고의 쉼터입니다.

벗어난 자유로운 곳입니다. 타인의 기대와 역할과 직
무로부터 벗어난 곳입니다. 타인뿐 아니라 나 자신도
가식된 모습에서 벗어나 스스로 정직하며 나다운 모
습으로 있을 수 있는 곳입니다.

시편 기자가 하나님을 자신의 거처로 삼았다는 말
은 참으로 놀라운 고백입니다. 하나님 안에서 쉼과 평
화를 누리고 있다는 말과 같습니다. 시편 기자는 지금
하나님이라는 둥지 안에서 세상의 기대와 역할의 긴
장과 무거운 짐으로부터 벗어나 자기 자신을 있는 모
습 그대로 받아들여주시는 하나님의 둥지 안에서 참
된 쉼과 평안을 누리고 있는 것입니다. 하나님이라는
거처는 우리가 일과 요구로부터 벗어나 있는 모습 그
대로 받아들여지는 자유를 누릴 수 있는 세상 최고의

쉼터입니다.

그러나 우리가 과연 하나님을 이런 쉼의 거처로 삼고 있을까요? 사실 이 세상에서 우리에게 가장 불편한 곳이 하나님입니다. 세상 사람들은 나를 모릅니다. 내 마음과 내면 깊이 숨겨진 것들을 모르기에 대충 나를 가리고 '신앙'과 '열심'이라는 가면을 쓰고 살 수 있습니다. 그러나 하나님은 나의 깊은 곳과 허물을 다 아시기에 하나님이란 존재는 늘 불편하기만 합니다. 하나님의 전능·전지하심이 내게 가시방석이 되는 것입니다.

"그대 앞에만 서면 왜 나는 작아지는가?"라는 유행가 가사처럼 하나님 앞에만 서려 하면 그토록 당당하던 모습은 어디로 사라지고 주눅이 들고 맙니다. 하나님의 높은 기대와 요구 수준에 못 미치는 부끄러운 모습이 떠올라 하나님이 부담스럽고 불편합니다.

오늘도 말씀과 기도로 하루를 살지 못한 것이 마음에 걸립니다. 오늘 아침 아내와 자녀들에게 화를 내고 출근한 것이 마음에 불편합니다. 출근길에 미니스

커트를 입은 아가씨의 늘씬한 다리를 보며 잠시 음란의 죄를 지은 것도 부담됩니다. 직장 동료들에게 예수를 전하지 못하고, 그리스도인답게 살지 못하는 것도 더없이 불편합니다. 출근하는 남편에게 잔소리하고, 등교하는 아이들에게 화를 낸 것도 마음에 걸립니다. 교회 여전도회에 열심히 봉사하지 못하는 것도 늘 마음에 걸립니다. 살아가기에도 빠듯한 생활비로 인해 십일조와 감사헌금에 인색한 것 또한 하나님이 꾸짖으실까 마음에 불편합니다. 새벽 제단을 쌓아야 복 받는다는데, 어려운 문제가 있을 때나 새벽 제단을 쌓지 새벽에 하나님을 불러본 지 까마득한 옛날이 된 것이 마음에 걸립니다.

나의 허물과 잘못을 일일이 꾸짖는 심판자 하나님이라는 존재는 가시방석이 될 뿐입니다. 피난처요, 쉼의 거처가 되시는 하나님이란 내게 해당 사항이 없습니다. 종교적으로 잘 훈련되고 헌신된 자들에게만 쉼이 해당되는 말이라고 생각합니다.

그러나 분명히 하나님은 모든 사람들에게 쉼과 평

안의 거처입니다. 우리가 하나님을 오해하고 있을 뿐
입니다. 예수는 "열심 있고 헌신된 자들아 내게 오라.
내가 너에게 쉼을 주겠다"고 말씀하시지 않았습니다.
이 힘든 세상을 살아가며 무거운 짐을 지고 넘어지고
쓰러진 자, 부족하고 허물 많은 자들에게 당신의 놀라
운 쉼을 주겠다고 약속하셨습니다.

하나님은 이제 더 이상 우리를 판단하고 무엇인가
요구하는 하나님이 아닙니다. 하나님은 우리의 삶에
들어와 날마다 우리 짐을 지시는 분입니다. 하나님은
사람들에게 무거운 짐을 지우는 분이 아니라, 오히려
짐을 벗겨주시고 우리 손과 어깨를 가볍게 하시는 분
입니다.

날마다, 순간마다 내 짐을 지시기 위해 나를 찾아
오시는 하나님을 향해 마음을 여십시오. 기쁨의 소식
복음은 곧 내가 하나님을 위해 짐을 지는 것이 아닙
니다. 복음은 내 짐을 대신 지기 위해 나를 찾아오시
는 하나님을 향해 나의 마음을 열고 그분께 나의 모
든 짐을 맡기며 그분의 크고 놀라운 사랑 안에서 함

께 기뻐하고 즐거워하는 것입니다. 그러기에 복음이 기쁨의 소식인 것입니다.

찬송가 419장통일찬송가 478장은 "피난처 되신 주 날개 밑에서 내가 편안히 쉼을 누린다"며 주 안의 쉼과 평안을 노래합니다. 하나님은 나의 쉼터입니다. 고달픈 이 세상의 모든 짐을 다 가져가시고, 그 대신에 기쁨과 평화로 나를 가득 채우십니다. 하나님의 날개 아래는 판단과 정죄의 두려움 없이 편히 쉴 수 있는 곳입니다. 만약 하나님이 우리의 쉼과 평안이 되지 못한다면 우리는 그 어디서도 쉼을 찾고 평안을 얻지 못할 것입니다.

세상은 우리에게 수고를 요구합니다. 그러나 복음은 우리에게 쉼과 평안을 제공합니다. 교인들에게 수많은 요구와 짐을 지우는 교회는 잘못된 교회입니다. 예수의 십자가 곧 복음 위에 선 교회는 우리의 짐을 덜어주고 쉼과 기쁨을 주는 곳이기 때문입니다. 수고를 요구하는 교회는 거처 되신 하나님의 평안을 잃어버린 세상을 닮아가는 교회요, 예수의 이름은 부르나

성인이란 종교적·도덕적으로 완전한 사람을 의미하는
것이 아니라, 자신의 모든 것을 하나님께 맡기고
그분을 의뢰하는 것을 배운 사람을 의미합니다.

복음 없는 가짜 예수를 부르는 것에 불과합니다.

　복음 안의 참 신앙이란 날마다 나의 짐을 하나님
께 맡기며 그분 안에 쉼을 얻는 것입니다. 영성훈련
이란 금식과 기도를 통해 나의 인내를 시험하는 것이
아니라, 날마다 그분의 크신 사랑을 의뢰하기를 배우
는 것입니다.

　성인이란 종교적·도덕적으로 완전한 사람을 의미
하는 것이 아니라, 자신의 모든 것을 하나님께 맡기고
그분을 의뢰하는 것을 배운 사람을 의미합니다. 성경
에 나오는 신앙의 선배들은 실수 없는 완벽한 사람들
이 아니라, 실수와 허물에도 불구하고 하나님을 의뢰
하기를 배운 사람들이기 때문입니다.

　날마다 우리 짐을 지시는 하나님은 하나님께 모든

것을 맡김으로써 우리가 하나님의 통로가 되기를 원하십니다. 바리새인과 서기관의 문제는 스스로 완벽을 추구함으로써 하나님의 일하실 기회를 박탈하는 데 있었습니다. 이제 하나님이라는 무거운 짐을 내려놓읍시다. 신앙이란 이름으로 지고 있던 무거운 굴레를 다 벗어버립시다.

하나님은 오늘 세상에서의 모든 짐뿐만 아니라, 교회로부터의 모든 짐까지도 벗겨주시고 내게 참된 쉼과 기쁨과 평안을 주시는 사랑의 주님이십니다. 기쁨의 소식 복음은 행복 가득한 쉼의 동산으로 당신을 초대하고 있습니다.

16
쉼을 주시는 하나님

"수고하고 무거운 짐 진 자들아 다 내게로 오라, 내가 너희를 쉬게 하리라.
나는 마음이 온유하고 겸손하니, 나의 멍에를 메고 내게 배우라.
그러면 너희 마음이 쉼을 얻으리니, 이는 내 멍에는 쉽고 내 짐은 가벼움이라."
마태복음 11:28-30

현대인의 가장 큰 특징은 한마디로 '쉼을 잃어버린
세대'라 말할 수 있습니다. 과학의 발달로 다른 어느
세대보다 물질적 풍요를 누리고 있지만 삶의 평안을
잃어버렸습니다. 자동차 문화의 발달로 더 빨리 갈 수
있지만 우리는 늘 시간 부족에 시달리고, 과학의 발
달로 기계시스템이 발달했지만 해야 할 더 많은 일에
시달리고 있습니다. 우리가 누리는 소유와 소비는 그
만큼 우리의 삶이 쉼을 잃어버린 대가인 것입니다.

세상이 '쉼'을 상실하였다면 과연 교회 안에는 '쉼'이 있을까요? 하나님을 만나기 위해 교회를 찾아오는 사람들은 세상에서 누리지 못한 쉼을 누리고 있을까요? 놀랍게도 교회 안에서 쉼의 평안과 기쁨을 찾았다고 고백하는 사람을 만나기 힘듭니다.

하나님 안에 쉼을 얻기보다는 오히려 교회 안에서 쉼을 잃어버리고 더 많은 일에 시달리고 있는 것이 우리의 솔직한 모습입니다. 하나님을 알기 전에는 오히려 자유로웠는데, 하나님을 믿고 교회에 나오면서부터 끝없는 교회의 요구와 하나님의 만족이라는 무거운 짐을 지고 있습니다. 하나님을 믿어야 지옥의 뜨거운 불길을 피해 천국에 갈 수 있고, 예배에 빠짐없이 참석하고 교회에 열심히 봉사해야 복을 받는다니 어쩔 수 없이 신앙이라는 무거운 짐을 지고 갑니다. 하나님이라는 무거운 짐 때문에 힘들긴 하지만, '천국'과 '복'을 얻으니 괜찮은 거래라 생각하기 때문이지요.

예수는 "수고하고 무거운 짐 진 자들아 다 내게로 오라 내가 너희를 쉬게 하리라"_{마태복음 11:28-30}라고 약

하나님은 우리가 지고 있던 무거운 짐을 모두 벗겨
예수에게 대신 지우시고, 우리에게 쉼과 평안을 주셨습니다.

속하셨습니다. 쉼의 초대를 받아 교회에 나갔는데 쉼
은 고사하고 해야 할 것과 하지 말아야 할 종교적 의
무라는 짐만 지게 되었다면 예수가 거짓말을 한 것일
까요? 아니면 우리의 신앙이 잘못된 것일까요?

우리가 하나님 안의 쉼을 잃어버린 것은 하나님의
잘못이 아니라 하나님을 향한 우리의 믿음이 잘못되
었기 때문입니다. 복음이 기쁨인 까닭은 우리에게 쉼
을 약속하는 놀라운 소식이기 때문입니다. 하나님은
우리가 지고 있던 무거운 짐을 모두 벗겨 예수에게
대신 지우시고, 우리에게 쉼과 평안을 주셨습니다. 이
제 더 이상 우리가 져야 할 짐이 없습니다. 우리의 할
일이란 하나님이 주시는 쉼을 누리는 일뿐입니다.

예수가 쉼을 약속하며 우리를 초대하셨건만, 쉼을
누린다는 것은 사치스러운 문제를 떠나 마치 내가 하

나님 앞에 죄를 짓는 것만 같은 느낌이 들곤 합니다. 요즘 한국 교회에선 자신과 가정을 돌보지 않고 교회 일에 열심 있는 자가 칭찬받고 부러움의 대상이 됩니다. 쉼을 잃어버린 그의 영혼과 교회 일에 빼앗긴 삶으로 인해 파탄 난 가정은 아무도 관심 없습니다.

교회 성장과 하나님의 나라는 분명히 다릅니다. 그럼에도 교회 성장이 하나님의 영광으로 포장되어 성도들의 삶을 박탈하고 있습니다. 성도가 하나님의 귀한 어린 양이 아니라 교회 성장을 위한 소모품으로 전락하곤 합니다. 잘못된 '하나님의 영광'이란 이름 아래 쉼을 잃어버린 우리의 신앙과 한국 교회는 개인의 삶을 피폐하게 하고, 가정의 평화를 깨트리고, 교회가 하나님의 자리에 앉는 우상이 되고 있습니다.

예수가 찾아오셨던 2,000년 전의 유대인들 역시 하나님의 영광이란 이름 아래 백성들의 희생이 요구되었습니다. 유대 전승에 따르면, 구약성경 중에서도 율법서라 불리는 오경에는 "하지 말라"고 하는 부정의 금지 계명 365개와 "하라"는 긍정의 계명 248개로

총 613개의 계명이 포함되어 있습니다. 이 많은 계명 중에 하나라도 어기면 곧 율법을 어긴 것이 됩니다. 유대인들에게 하나님은 해야 할 것들과 해서는 안 될 것들이 줄줄이 적힌 목록과 같았습니다. 그러니 하나님이란 존재가 너무 무겁고 두려운 대상일 수밖에 없었지요.

유대인들만 율법의 무거운 짐을 진 것이 아닙니다. 우리 역시 늘 하나님을 기쁘게 해드려야 한다는 이룰 수 없는 고통의 짐을 지고 있습니다. 그러나 오늘 예수는 하나님이라는 무거운 짐을 진 우리에게 찾아오셔서 그 짐을 모두 내려놓을 것을 제안하시고 우리가 내려놓은 무거운 짐을 당신이 대신 지셨습니다.

세례 요한은 우리의 짐을 대신 지신 예수를 가리켜 "세상 죄를 지고 가는 하나님의 어린 양"이라 표현하였습니다. 이젠 내가 져야 할 수고와 무거운 짐이 없습니다. 예수와 함께 걷는 길에 내 어깨에 있는 멍에는 또 다른 무거운 짐이 아닙니다. 어거스틴Augustine은 예수의 멍에를 창공을 자유롭게 날 수 있을 만큼 가벼운 깃털에 비유했습니다.

이 세상을 살아가며 우리가 지고 있는 짐이란 각자의 처한 상황에 따라 각기 다른 모양을 하고 있을 것입니다. 우리의 잘못과 허물, 외로움과 고통, 두려움과 슬픔 그리고 정신적·육체적 질병의 모든 무거운 짐들을 예수께서 기꺼이 담당하시겠다고 약속하셨습니다.

이사야는 우리의 짐을 지신 예수를 이렇게 표현하고 있습니다.

"그는 실로 우리의 질고를 지고 우리의 슬픔을 당하였거늘 우리는 생각하기를 그는 징벌을 받아서 하나님께 맞으며 고난을 당한다 하였노라. 그가 찔림은 우리의 허물 때문이요, 그가 상함은 우리의 죄악 때문이라. 그가 징계를 받으므로 우리는 평화를 누리고 그가 채찍에 맞으므로 우리는 나음을 받았도다. 우리는 다 양 같아서 그릇 행하여 각기 제 길로 갔거늘 여호와께서 우리 모두의 죄악을 그에게 담당시키셨도다." 이사야 53:4-6

예수는 우리에게 새로운 의무를 주시고 열심히 섬기라고 강요하시기 위해 오신 것이 아닙니다. 우리의 허물과 죄와 연약함을 대신 지시고 쉼과 평안을 주시기 위함이었습니다.

쉼이란 곧 삶의 회복을 의미합니다. 쉼은 나의 모든 아픔과 상처로부터 치유와 회복을 말하고 다시 새 삶을 시작할 수 있는 소망을 의미합니다. 참된 '쉼'이란 내게 안식과 만족 그리고 기쁨과 환희가 가득한 새로운 삶을 의미하는 것입니다.

쉼을 잃어버린 우리의 믿음은 차를 타고도 무거운 짐을 머리에 이고 있는 사람과도 같습니다. 집에 돌아와 무거운 외투를 벗어 옷걸이에 옷을 걸듯이, 예수의 십자가는 우리 무거운 짐을 걸어놓는 짐 걸이입니다. 십자가에 한번 걸어놓은 짐은 다시 질 필요가

쉼을 잃어버린 우리의 믿음은 차를 타고도
무거운 짐을 머리에 이고 있는 사람과도 같습니다.

없지요.

예수를 믿노라 고백하지만 내 안에 기쁨과 소망이 없음은 예수 안에 넘치는 쉼을 누리지 못하기 때문입니다. 내가 오늘 지고 있는 짐은 어떤 것들인가요? 왜 내가 그 짐을 져야 한다고 생각하나요?

복음은 당신을 쉼의 잔치에 초대하고 있습니다. 이 순간 나를 향한 하나님의 초대를 받아들여야 합니다. 기쁨의 소식 복음을 아는 자는 쉼의 잔치에서 행복을 누리게 됩니다. 하나님이 우리에게 원하는 것은 십자가 안에서 쉼을 누리는 것입니다. 십자가는 본을 따르라는 요구가 아니라 십자가 안에서 쉼을 누리라는 행복의 초대입니다.

만약 우리가 하나님을 기쁘시게 하기 위한 일이라는 무거운 짐을 지고 있다면, 쉼과 기쁨을 잃어버린 우리는 하나님이라는 이름의 또 다른 우상을 섬기고 있을 뿐입니다.

예수가 들을 귀 있는 자들에게만 말씀하십니다.

"천지의 주재이신 아버지여,

　이것을 지혜롭고 슬기 있는 자들에게는 숨기시고,

어린아이들에게는 나타내심을 감사하나이다.

옳소이다, 이렇게 된 것이 아버지의 뜻이니이다.

내 아버지께서 모든 것을 내게 주셨으니

　아버지 외에는 아들을 아는 자가 없고,

아들과 또 아들의 소원대로 계시를 받는 자 외에는

　아버지를 아는 자가 없느니라.

수고하고 무거운 짐 진 자들아 다 내게로 오라,

　내가 너희를 쉬게 하리라.

나는 마음이 온유하고 겸손하니,

　나의 멍에를 메고 내게 배우라.

그러면 너희 마음이 쉼을 얻으리니,

　이는 내 멍에는 쉽고 내 짐은 가벼움이라 하시니라."

마태복음 11:25-30

복음은 당신을 향한 쉼의 초대장입니다.

17
행복의 복음

"일하는 자에게는 그 삯이 은혜로 여겨지지 아니하고 보수로 여겨지거니와, 일을 아니할지라도
경건하지 아니한 자를 의롭다 하시는 이를 믿는 자에게는 그의 믿음을 의로 여기시나니.
일한 것이 없이 하나님께 의로 여기심을 받는 사람의 복에 대하여 다윗이 말한 바,
불법이 사함을 받고 죄가 가리어짐을 받는 사람들은 복이 있고,
주께서 그 죄를 인정하지 아니하실 사람은 복이 있도다 함과 같으니라."
로마서 4:4-8

행복의 파랑새를 찾아 온 세상을 다녔지만 결국 찾지 못하고 돌
아왔을 때, 집 안에 자신이 찾던 파랑새가 있었다는 이야기가
있습니다. 오늘 사도 바울은 우리가 찾던 행복의 파랑새가 바로
우리 곁에 있음을 보여주고 있습니다.

　세상은 행복을 소유와 성취에서 찾습니다. 그래서 우리를
행복하게 해줄 무언가를 더 소유하고, 좀더 많은 것을 이루기
위해 오늘도 땀 흘리며 고생하고 있습니다. 계획대로 모든 일이

잘 이루어지고, 많은 것이 성취되고 그로 인해 풍성한 소유물을 얻게 될 때 행복해합니다. 그러나 뜻대로 일이 이루어지지 않고, 내 손에 들린 소유가 적을 때 행복은 어디론가 사라지고 염려와 슬픔에 빠지게 됩니다.

우리의 신앙생활 역시 소유와 성취에서 행복을 찾는 세상과 크게 다르지 않습니다. 내가 하나님께 드리는 헌신의 많고 작음에 따라 행복이 좌우된다고 여기는 것입니다. 그래서 우리의 믿음생활을 행복을 위해 내가 당연히 해야 할 일로 인식합니다. 하나님의 은혜와 축복을 받기 위한 자격과 조건으로 주일 성수와 새벽 제단과 제자훈련과 교회봉사와 헌신이 요구되고 있고, 그것을 마땅한 일로 여기는 것입니다.

그러나 오늘 하나님은 사도 바울의 입을 통해 참 행복의 길을 우리에게 말씀하셨습니다. 보답과 대가의 세상 법칙이 통용되지 않는 하늘나라의 행복 법칙입니다. 바울은 일한 것도 없고, 경건생활한 것도 없음에도 불구하고 하나님께 의로 여김을 받은 사람을 세상에서 가장 행복한 사람이라고 강조하고 있습니다. 하늘나라 행복 비결은 참 이상합니다.

성경엔 또 다른 하늘나라 행복 비결이 소개되고 있습니다. 우리가 잘 아는 포도원 품꾼 이야기입니다. 특히 이 비유는 예수가 직접 하신 말씀이니, 이보다 더 확실한 하늘나라의 행복 비결이 없을 것입니다.

천국은 마치 품꾼을 얻어 포도원에 들여보내려고 이른 아침에 나간 집 주인과 같으니 그가 하루 한 데나리온씩 품꾼들과 약속하여 포도원에 들여보내고 또 제삼 시에 나가보니 장터에 놀고 서 있는 사람들이 또 있는지라. 그들에게 이르되 "너희도 포도원에 들어가라 내가 너희에게 상당하게 주리라" 하니 그들이 가고 제육 시와 제구 시에 또 나가 그와 같이 하고 제십일 시에도 나가 보니 서 있는 사람들이 또 있는지라. 이르되 "너희는 어찌하여 종일토록 놀고 여기 서 있느냐?" 이르되 "우리를 품꾼으로 쓰는 이가 없음이니이다." 이르되 "너희도 포도원에 들어가라." 하니라. 저물매 포도원 주인이 청지기에게 이르되 "품꾼들을 불러 나중 온 자로부터 시작하여 먼저 온 자까지 삯을 주라" 하니, 제십일 시에 온 자들이 와서 한 데나리온씩을 받거늘 먼저 온 자들이 와서 더 받을 줄 알았더니 그들도 한 데나리온씩 받은지라. 받은 후 집 주인을 원망하여 이르되 "나중 온 이 사람들은 한 시간밖에 일하지 아니하였거늘 그들을 종일 수고하며 더위를 견딘 우리와 같게 하였나이다." 주인이 그중의 한 사람에게 대답하여 이르되 "친구여 내가 네게 잘못한 것이 없노라. 네가 나와 한 데나리온의 약속을 하지 아니하였느냐? 네 것이나 가지고 가라. 나중 온 이 사람에게 너와 같이 주는 것이 내 뜻이니라. 내 것을 가지고 내 뜻대로 할 것이 아니냐? 내가 선하므로 네가 악하게 보느냐?" 이와 같이 나중 된 자로서 먼저 되고 먼저 된 자로서 나중 되리라. 마태복음 20:1-16

예수가 포도원 품꾼 비유에서 보여주신 천국의 계산법은 참 특이합니다. 이른 아침부터 하루 종일 일한 사람과 일이 끝나기 전 겨우 한 시간 동안 일한 사람이 받는 품삯이 똑같았습니다. 세상에서는 자신의 일한 만큼의 보답과 대가를 받는 것이 마땅

천국의 계산법은 세상의 보답과 대가의 법칙을
소용없게 만들고 있습니다.

한 이치이지만, 천국의 계산법은 세상의 보답과 대가의 법칙을
소용없게 만들고 있습니다.

여기에 복음의 놀라운 비밀이 담겨 있습니다. 천국의 계산
기준은 우리가 하나님께 드린 나의 열심과 헌신에 있는 것이 아
니라, 내게 넘치게 은혜를 부어주시는 하나님 사랑에 있음을 말
하는 것입니다. 천국은 내가 노력하고 드린 만큼 그 대가로 주
시는 것이 아니라, 내 노력과는 아무 상관없이 하나님의 풍성한
사랑으로 우리의 필요를 따라 넉넉히 채워주신다는 것입니다.

우리는 평생을 노력에 대한 대가와 성취에 대한 보답을 받
고 살아왔습니다. 그러나 하나님은 잔인할 정도로 우리의 사고
를 무효화시키십니다. 일하지 않은 자, 경건치 않은 자가 하나
님의 의와 기쁨이 된다는 것입니다. 여기에 주의할 것은 아무

일도 하지 않고 경건치 않는 죄인의 삶이 옳다는 것이 아닙니다. 우리를 기뻐하시고 의롭다 여기시며 우리 삶에 은혜와 복을 주시는 것이 내 노력에 대한 보답과 대가가 아니라, 하나님의 주권적 사랑과 은혜에 있다는 것을 강조한 것입니다. 그래서 자신의 허물과 부족함에도 불구하고 값없이 하나님의 은혜를 입는 자가 세상에서 가장 행복하다는 것입니다. 우리에겐 참으로 낯선 이야기지요.

예수는 "새 포도주를 낡은 가죽부대에 넣지 아니하나니, 그렇게 하면 부대가 터져 포도주도 쏟아지고 부대도 버리게 됨이라. 새 포도주는 새 부대에 넣어야 둘이 다 보전되느니라"마태복음 9:17라며 새 포도주는 새 부대에 넣어야 한다고 말씀하셨습니다.

오늘 우리 신앙생활에 하나님이 부담스럽고 기쁨이 없는 이유는 바로 복음이라는 새 포도주를 종교라는 낡은 부대에 넣었기 때문이지요.

세상의 종교는 인간이 하나님께 나아올 것을 요구합니다. 그러나 복음은 하나님이 우리를 찾아오셨다고 강조합니다. 종교는 하나님을 만족시키기 위해 우리에게 예배와 헌신과 섬김을 달라고 요구합니다. 그러나 복음은 하나님이 우리에게 값없이 넘치는 은혜를 주셨다고 이야기합니다. 종교는 하나님을 섬기는 인간을 말하지만, 복음은 인간을 섬기시는 하나님을 강조합니다. 복음을 종교라는 낡은 가죽 부대에 담을 수 없는 이유입니다. 나는 지금 종교 안에 머물고 있는지, 아니면 복음 안에 있는지 자신을 돌아봐야 할 것입니다.

행복을 찾기 원하는 사람은 복음으로 달려나와야 합니다. 하나님께 드린 것이 아무것도 없어도, 허물투성이의 경건치 않은 자임에도 불구하고 나를 당신의 의와 기쁨으로 받아주시는 하나님의 품 안에서 행복을 누려야 합니다.

하나님께 드린 것도, 잘한 것도 없는 자를 의롭다 여기신다는 천국 계산법은 내가 나 스스로 자신을 판단하고 정죄하며, 내 성취 여부에 따라 자신의 연약함을 자책하는 모든 것으로부터 자유롭게 해줍니다. 하나님은 결코 내 성취 여부를 보시지 않기 때문입니다. 우리는 하나님의 크신 사랑을 의지하고 나갈

수 있기에 자신의 모든 허물과 실패로부터 자유로워질 수 있는
것입니다.

하나님은 내가 누구인가를 보시지 않습니다. 하나님은 내가
무엇을 이루었는가도, 하나님께 무엇을 드렸는가도 보시지 않
습니다. 오직 하나님은 우리를 향한 하나님의 사랑 안에서 당신
의 은혜를 값없이 나눠주실 뿐입니다. 그러기에 하나님의 사랑
이 필요하여 당신 품으로 달려 나오는 이를 기뻐하는 것입니다.
이것이 바로 믿음의 조상 아브라함이 자신의 행위가 아니라 믿
음으로 의롭다 여기심을 받은 까닭입니다.

우리는 적은 투자로 많은 이익을 얻기를 원합니다. 그러나
율법은 자신의 피나는 노력과 땀이라는 엄청난 투자에도 불구
하고 돌아오는 이익이 보잘것없습니다. 율법을 통한 투자 이익
은 기껏해야 자기만족이거나 실패한 죄책감과 자책뿐입니다.
그러나 복음은 그저 "하나님 당신의 사랑은 큽니다"라는 작은
믿음을 투자하고 하나님의 의와 기쁨이 되는 엄청난 이익을 얻
게 됩니다. 복음은 믿음이란 가장 적은 투자로 가장 큰 이익을

하나님께 은혜 받을 자격이란,
내가 하나님께 은혜 받을 자격이 없는
죄인임을 아는 것뿐입니다.

남기는 행복의 비밀인 것입니다. 그래서 성경은 "의인은 믿음
으로 산다"고 말합니다. 믿음은 하나님 자녀들의 행복의 비결
입니다.

혹시 지금 하나님 앞에 은혜 받을 자격이 없어 괴로워하고
있지는 않나요? 오히려 기뻐하십시오. 하나님의 은혜는 자격
없는 자에게 값없이 부어지는 것이기 때문입니다. 우리는 종종
은혜 받을 자격을 갖추라는 말을 듣곤 합니다. 사탄의 거짓말에
속지 마십시오. 은혜 받을 자격이란 예배 참석과 기도와 봉사와
많은 헌금이 아닙니다.

하나님께 은혜 받을 자격이란, 내가 하나님께 은혜 받을 자
격이 없는 죄인임을 아는 것뿐입니다. 그리고 자신의 허물과 부

족함을 알고 하나님의 크신 사랑을 외치며 은혜의 보좌로 담대
히 달려가는 자만이 하나님이 넘치게 부어주시는 행복을 받게
될 것입니다. 우리는 은혜 받을 자격이 있다고 생각한 바리새인
이 버림을 당하고, 은혜 받을 자격이 없어 하나님의 이름조차
부르지 못한 세리가 하나님의 넘치는 은혜를 받는 행복을 얻었
음을 늘 기억해야 합니다. 오, 잔인한 천국의 계산법이여….

　　하나님은 "복음에는 하나님의 의가 나타나서 믿음으로 믿
음에 이르게 하나니 기록된 바 '오직 의인은 믿음으로 말미암아
살리라' 함과 같으니라"로마서 1:17라고 사도 바울의 입을 통해 말
씀하셨습니다.

　　예수가 우리에게 전해주신 기쁨의 소식 복음은 우리가 행
해야 할 새로운 종교적 의무 사항이나 책임이 아닙니다. 복음
은 우리에게 하나님의 크신 의로움이 나타내신 것입니다. 인간
의 성취와 행위에 상관없이 당신의 크신 사랑을 부어주시는 하
나님의 의가 드러난 것이 바로 복음이며, 하나님의 그 크신 의
를 믿는 것이 바로 우리의 신앙이요, 행복입니다. 하나님은 오

늘 우리를 행복한 의인이 되라고 초대하고 계십니다.

　　예수는 우리로 "놀랍게 여기게 하겠다"_{요한복음 5:20}라고 말씀
하셨습니다. 복음은 세상이 이해하기 참으로 힘든 놀라움이요,
경이로움입니다. 복음의 경이로움 안에 들어오는 자만이 진정
한 행복을 누릴 것입니다.

복음에 안기다

최병성 목사의 가슴 뛰는 은혜 이야기

Copyright ⓒ 최병성 2012

1쇄 발행 2012년 12월 21일
7쇄 발행 2025년 3월 5일

지은이 최병성
펴낸이 김요한
펴낸곳 새물결플러스

편 집 왕희광 정인철 노재현 이형일 나유영 노동래
디자인 황진주 김은경
마케팅 박성민
총 무 김명화 이성순
영 상 최정호
아카데미 차상희

홈페이지 www.holywaveplus.com
이메일 hwpbooks@hwpbooks.com
출판등록 2008년 8월 21일 제2008-24호
주 소 (우) 04114 서울시 마포구 신촌로28가길 29
전 화 02) 2652-3161
팩 스 02) 2652-3191

ISBN 978-89-94752-31-0 03230

책값은 뒤표지에 있습니다.